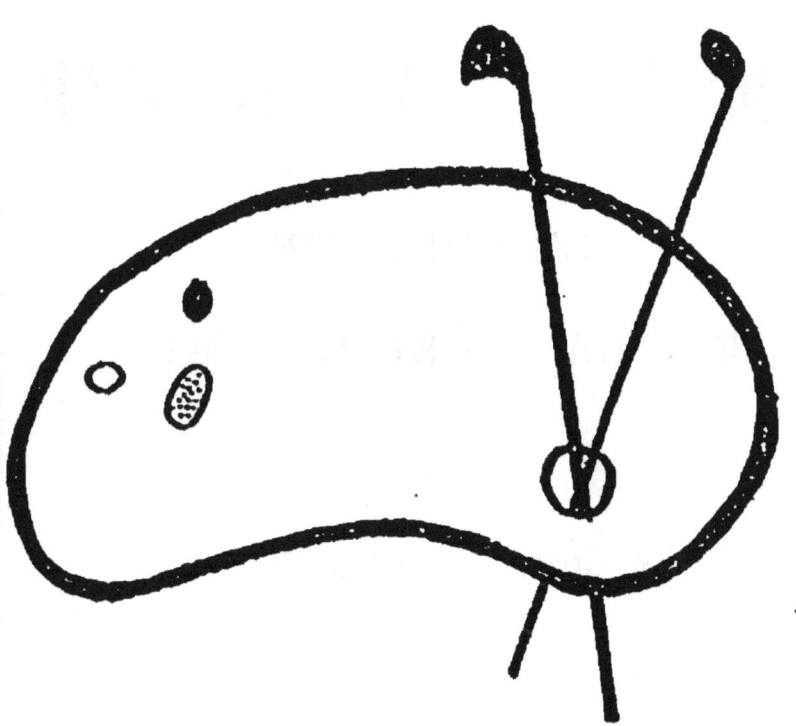

**COUVERTURE SUPERIEURE ET INFERIEURE
EN COULEUR**

LE
DÉSERT DE SYRIE

L'EUPHRATE
ET LA MÉSOPOTAMIE

PAR

Le Comte de PERTHUIS

PARIS
LIBRAIRIE HACHETTE ET Cie
79, BOULEVARD SAINT-GERMAIN, 79

1896

Librairie HACHETTE et Cⁱᵉ, boulevard Saint-Germain, 79, à Paris.

BIBLIOTHÈQUE VARIÉE, FORMAT IN-16
A 3 FR. 50 LE VOLUME

VOYAGES

ABOUT (Ed.) : *Alsace (1871-1872)*; 7ᵉ édition. 1 vol.
— *La Grèce contemporaine*; 10ᵉ édition. 1 vol.

ASTOR (J. J.) : *Voyage en d'autres mondes*. 1 vol.

BOISSIER : *Promenades archéologiques : Rome et Pompéi*; 5ᵉ édition. 1 vol.
— *Nouvelles promenades archéologiques : Horace et Virgile*; 3ᵉ édition. 1 vol.
— *L'Afrique romaine, promenades archéologiques en Algérie et en Tunisie*. 1 vol.

CAVAGLION : *254 jours autour du monde*. 1 vol.

CHEVRILLON : *Dans l'Inde*. 1 vol.

DU CAMP : *Le Nil; Egypte et Nubie*; 5ᵉ édition. 1 vol.

ESTOURNELLES DE CONSTANT (Baron d') : *La vie de province en Grèce*. 1 vol.

FREY (le général) : *Pirates et rebelles au Tonkin*. 1 vol.

GRÉGOROVIUS (F.) : *Promenades en Italie*, traduit de l'allemand, avec une préface par M. Émile Gebhardt. 1 vol.

HUBNER (Comte de) : *Promenade autour du monde (1871)*; 8ᵉ édition. 2 vol.

JUSSERAND (J.) : *La vie nomade et les routes d'Angleterre au XIVᵉ siècle*. 1 vol.
Ouvrage couronné par l'Académie française.

LAMARTINE : *Voyage en Orient*. 2 vol.

LEGRELLE : *Le Volga, notes sur la Russie*. 1 vol.

LENTHÉRIC : *La région du bas Rhône*. 1 vol.

MARMIER (X.), de l'Académie française : *Voyages et littérature*. 1 vol.
— *A travers les tropiques*. 1 vol.
— *De l'est à l'ouest*. 1 vol.
— *Lettres sur le nord*; 6ᵉ édit. 1 vol.
— *Un été au bord de la Baltique*; 2ᵉ édit. 1 vol.
— *Nouveaux récits de voyage*. 1 vol.

MILLET : *Souvenirs des Balkans*. 1 vol.

MISMER : *Souvenirs de la Martinique et du Mexique*. 1 vol.
— *Souvenirs du monde musulman*. 1 vol.

MONTÉGUT (E.) : *Souvenirs de Bourgogne*; 3ᵉ édition. 1 vol.
— *L'Angleterre et ses colonies australes*; 2ᵉ édition. 1 vol.

SIMONIN (L.) : *Les ports de la Grande-Bretagne*. 1 vol.

TAINE (H.), de l'Académie française : *Voyage aux Pyrénées*; 13ᵉ édition. 1 vol.
— *Notes sur l'Angleterre*; 10ᵉ édit. 1 vol.
— *Voyage en Italie*; 7ᵉ édition. 2 vol., qui se vendent séparément :
  Tome I. *Naples et Rome.*
  Tome II. *Florence et Venise.*

VARIGNY (De) : *L'océan Pacifique*. 1 vol.

Coulommiers. — Imp. P. Brodard. — 9-95.

LE
DÉSERT DE SYRIE

L'EUPHRATE
ET LA MÉSOPOTAMIE

COULOMMIERS

Imprimerie PAUL BRODARD

LE
DÉSERT DE SYRIE

L'EUPHRATE
ET LA MÉSOPOTAMIE

PAR

Le Comte de PERTHUIS

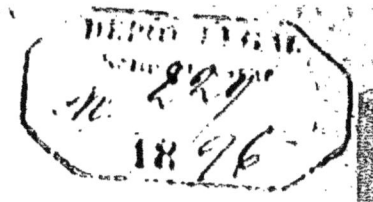

PRIX : 3.50

PARIS
LIBRAIRIE HACHETTE ET Cie
79, BOULEVARD SAINT-GERMAIN, 79

1896

Droits de traduction et de reproduction réservés.

A MON FRÈRE EDMOND

P.

INTRODUCTION

« L'homme casanier de nos capitales vieillit sans connaître et sans voir, et meurt aussi entravé, aussi emmailloté d'idées fausses que le jour où il est venu au monde. — Je voudrais, disais-je à mon drogman, passer ces montagnes, descendre dans le Grand Désert de Syrie, aborder quelques-unes de ces grandes tribus inconnues qui le sillonnent, y recevoir l'hospitalité pendant des mois, passer à d'autres, étudier les ressemblances et les différences, les suivre des jardins de Damas aux bords de l'Euphrate, aux confins de la Perse, lever le voile qui couvre encore toute cette civilisation du désert.... Mais le temps nous presse, nous ne verrons que les bords de cet Océan dont personne n'a parcouru l'étendue [1]. »

J'ai eu la bonne fortune de réaliser ce rêve de l'illustre poëte. Voici dans quelles circonstances :

Des intérêts importants m'ont appelé en Syrie, où j'ai séjourné pendant huit ans. Ces intérêts souffraient de la rupture de très anciens pactes de fraternité et de protection, à l'abri desquels les marchands et les chefs chameliers de Damas et de Bagdad pouvaient, en toute sécurité, faire prendre à leurs caravanes la voie plus courte par le désert, à condition de payer un droit de péage tarifé aux Arabes Bédouins indépendants qui l'occupent.

---

[1]. Lamartine, *Voyage en Orient.*

Après cette rupture, causée par le refus obstiné et déloyal des caravaniers de solder un arriéré très élevé de ces droits, réclamé, mais en vain, par ces nomades, une caravane très forte tenta de forcer le passage à main armée. Elle fut surprise, attaquée et totalement pillée après une énergique défense dans laquelle le sang avait coulé de part et d'autre en abondance, rendant ainsi toute réconciliation impossible, selon l'usage au désert, tant que le prix du sang n'est pas payé par le sang, ou n'est pas racheté par l'équivalent en espèces.

Les deux parties souffraient également de cette situation qui durait depuis quatorze ans : les caravaniers avaient dû prendre un chemin infiniment plus long et plus coûteux pour contourner le désert qui leur était fermé, et les Bédouins ne percevaient plus aucun droit de péage.

Cependant si, parmi ces Arabes, tous n'avaient pas encore, dans leur soif de vengeance, ni oublié ni pardonné leurs vieux griefs, la plupart des grands scheiks se montraient plus sensés et plus conciliants. On les savait disposés à se prêter à des ouvertures pour renouer les anciens pactes et faire la paix. Sondés par des intermédiaires étrangers à ces querelles qui s'étaient mis en correspondance avec eux, ils répondirent favorablement et offrirent rendez-vous pour les négociations à leurs campements d'été à l'est de Palmyre, dans le désert.

Les négociateurs paraissaient devoir être choisis parmi les trafiquants notables indigènes, mais aucun ne voulut ou n'osa accepter cette mission. Ils soutenaient, non sans raison peut-être, que des Frangis [1], connus et en évidence, seraient plus favo-

1. Européens.

rablement accueillis par ces irascibles et vindicatifs nomades et qu'ils leur inspireraient et plus de respect et moins de défiance.

Deux personnages haut placés de Damas se chargèrent avec moi de tenter l'aventure. Rendez-vous à jour fixe avait été arrêté pour partir ensemble, mais, l'avant-veille, l'un de mes compagnons tomba malade, et l'autre se trouva empêché....

Je dus partir seul. — Entraîné par l'imprévu et la force des choses bien au delà du cercle relativement étroit du programme primitif, d'après lequel la durée de l'expédition ne devait guère dépasser quarante jours, mon voyage a exigé sept mois. Dans cette longue pérégrination, après avoir sillonné tout le nord du Désert de Syrie, j'ai parcouru la large et superbe vallée de l'Euphrate, gagné Bagdad et ensuite opéré mon retour par Mossoul et une partie du désert de Mésopotamie ; ayant visité ainsi tous ces pays où dans l'antiquité florissaient Babylone, Ctésiphon, Ninive, Édesse et tant d'autres cités célèbres dans l'histoire.

Pendant le séjour prolongé que j'ai dû faire chez les Arabes de la grande tribu des Sbaâ, dans le massif des montagnes de la Palmyrène, vivant pour ainsi dire de leur vie, au milieu d'eux, et bientôt dans l'intimité d'un de leurs grands scheiks dont j'étais l'hôte, j'ai pu tout à mon aise étudier les mœurs et l'état de civilisation de ces peuplades. J'y ai appris en outre à bien connaître, dans leurs préceptes, leur portée, leur sanction et jusque dans leur application, les us, coutumes et traditions séculaires, si curieux et étranges, qui les régissent.

Enfin, au point de vue géographique, j'ai eu soin de relever, pendant mes marches au cœur du désert, la situation et la direction apparente d'importantes chaînes de montagnes [1] et d'une grande plaine [2] qui sépare les deux plus hautes, ainsi que l'emplacement de quelques ruines qui ne figurent encore, ni à leur place ni sous leurs noms, sur aucune carte de la Palmyrène, du moins que je sache. J'ai reporté mes relevés, avec les noms arabes, sur la carte de mon voyage.

On ne doit pas s'engager sur ce terrain, si brûlant sous plus d'un rapport, sans s'être au préalable aussi bien renseigné que possible aux sources les plus sûres dans les localités limitrophes. Il importe également de consulter avec attention les publications des plus célèbres et consciencieux voyageurs : Niebuhr (1766) et surtout Burckhardt (1810-1812) sur l'Arabie, quoique ni l'un

1. Les Djebels (monts) : Bélas, Méra, Edenten et Aschabiéh.
2. Le Schaher ou Chaher.

ni l'autre n'ait pénétré à l'intérieur des déserts; le colonel Chesney (1835) sur le cours de l'Euphrate, et accessoirement Palgrave, qui visita le pays des Wahabites, au centre de la presqu'île Arabique, en 1862-1863.

Maintenant que l'attention de l'Europe et du monde des affaires se porte sur les possessions d'Asie du Sultan, j'entreprends, quoique tardivement, le récit de mon voyage exécuté en 1866. Les souvenirs inoubliables que j'ai gardés des si bons et parfois si mauvais jours de mes longues chevauchées, aidés de mes notes quotidiennes précieusement conservées, faciliteront ma tâche et me permettront de raconter tout ce que j'ai vu et observé, recueilli, constaté ou appris, et éprouvé.

Mais je ne saurais m'en tenir là.

Nous sommes en 1895; vingt-neuf ans se sont écoulés depuis mon voyage. Or le temps a marché et a fait son œuvre. Dans ces contrées de l'Orient si peu connues, si arriérées, où rien n'avance qu'à pas très lents, tout cependant n'est pas resté stationnaire.

Aussi ai-je pensé que mon travail serait incomplet, et que l'intérêt qui peut s'y rattacher en serait sensiblement amoindri, si je ne comblais cette période de temps en reliant le passé (1866) au présent (1895).

C'est ce que j'ai fait dans un dernier chapitre qui servira d'épilogue au récit.

Le lecteur y trouvera le précis historique des principaux événements survenus pendant cette période, ainsi que des transformations heureuses et des améliorations notables provoquées par la pénétration, dans ces contrées lointaines, des idées de notre siècle et des procédés nouveaux de nos industries. Je signalerai en outre divers projets importants, arrêtés ou encore à l'étude, signes précurseurs d'une marche plus hardie dans la voie du progrès, dont la réalisation aurait pour effet de repeupler d'immenses et superbes territoires d'une fécondité inépuisable et de leur valoir une sécurité complète; d'assurer enfin une ère de prospérité nouvelle aux habitants, déshérités depuis tant de siècles.

Les rapports d'affaires et d'intérêts que j'ai conservés en Orient, les relations d'amitié et de société que j'ai entretenues depuis mon retour en France, ma correspondance avec les personnages les plus qualifiés et les mieux informés de ce qui se passe en Syrie et dans son hinterland lointain, enfin des renseignements recueillis à d'autres sources, me donnent la confiance de n'avoir rien omis, d'essentiel au moins, dans ce dernier chapitre.

LE
DÉSERT DE SYRIE
L'EUPHRATE
ET LA MÉSOPOTAMIE

PREMIÈRE PARTIE

DE DAMAS A HAMAH — DANS LA PALMYRÈNE
CHEZ LES NOMADES

CHAPITRE I

Départ de Damas. — Le sultaniéh et les confins du désert. — Homs. — Hamah. — Le consul, M. Bambino. — Derniers préparatifs.

D'après le plan de voyage concerté avec le guide, chef de caravane expérimenté et très sûr, que j'avais engagé à mon service à Damas, je devais d'abord me rendre à Homs et à Hamah.

Ces deux villes des confins des territoires assujettis sont les mieux placées pour avoir des nouvelles fraîches et certaines de la marche et de la situation des tribus nomades et pour s'engager dans le désert. Nous y trouverons en outre toutes les ressources nécessaires à l'organisation complète et définitive de ma caravane. Osman Djénetzli (c'est ainsi que se nomme mon guide), retenu par de derniers préparatifs à faire, me rejoindra à Homs dans deux ou trois jours avec ses hommes, moins un qui me suivra monté à dromadaire pour me servir de courrier en cas de besoin.

Le 25 mars, je partis de Damas accompagné de mon secrétaire-interprète Robert, suivi de l'attirail ordinaire des touristes qui visitent la Palestine et la Syrie, et escorté par deux cavaliers du Gouvernement.

Après avoir traversé la vaste et luxuriante oasis au milieu de laquelle cette grande ville est bâtie, le *derb sultaniëh* [1], que nous prenons, n'est plus qu'une voie muletière sans chaussée

---

[1]. Chemin impérial.

ni ouvrages d'art, tracée par la circulation. Elle court parallèlement au flanc oriental de la chaîne de l'Anti-Liban jusqu'à son extrémité dans le nord. Les voyageurs européens l'empruntent très rarement, à cause de son manque d'attraits et aussi de sécurité dans la seconde moitié de son parcours.

Quelques kilomètres après être sorti de l'oasis, on traverse un pays mamelonné, aride et presque inculte, et, toujours en montant, on arrive à la passe abrupte et difficile de Boghar; après l'avoir franchie, on s'engage dans une succession de chaînes de montagnes basses, dénudées et pelées, que l'Anti-Liban projette jusqu'au delà de Kariétin, vers Palmyre et le massif du Djebel Abbiat [1]. Partout ailleurs qu'à Koutaïféh, Koustoul, Nebk (point culminant du chemin) [2], Kara et Hassia, grands villages entourés de jardins et de champs cultivés, tout ce pays, peu productif faute d'eaux, a le même aspect désolé, monotone et triste. A droite, sur les confins du désert, on aperçoit quelques rares

1. Montagne Blanche.
2. A environ 300 m. d'altitude au-dessus de celle de Damas.

bourgades protégées par des murs d'enceinte contre les entreprises des Arabes nomades du voisinage. La population, musulmane et en partie chrétienne, belle mais très clairsemée, vit des produits du sol et de ses troupeaux de chèvres et de moutons.

A Kara, seul village bien fortifié et qui possède une garnison de troupes irrégulières, l'agha [1] qui la commande me fournit d'office un renfort de cavaliers pour franchir le dangereux passage Aïn[2]-Alak, abreuvoir fréquenté par les Bédouins, et pour protéger notre marche jusqu'à Hassia, où se trouve un autre poste avancé dont le chef nous fera escorter jusqu'à Homs. A partir de Kara, il n'y a plus d'accidents de terrain; on chemine sur un haut plateau uni qui accuse une très légère pente jusqu'à l'Oronte et qui domine toute la contrée sur la droite.

C'est en partant de Hassia que, pour la première fois et non sans émotion, j'ai aperçu le Grand Désert de Syrie et son vaste horizon

1. Bas officier.
2. Eau, source.

éclairés par le soleil levant : — mystérieuse immensité attractive comme tout inconnu, imposante comme l'infini, qui est à tous et qui n'est à personne, où nul ne commande et nul n'obéit, où il n'y a ni maîtres ni sujets, où l'homme ne peut compter que sur lui-même avec l'aide de Dieu, que le craintif fellah [1] redoute et fuit, mais que le nomade chérit pour l'indépendance dont il a soif, que le voyageur fasciné voudrait pénétrer pour y déchiffrer l'histoire du passé, en étudier le présent et en dévoiler les secrets.

On se sent attiré par ce charme vertigineux, irrésistible, sans oser, sans vouloir tourner sa tête vers le monde connu, vers tout ce que l'on quitte, ni jeter en arrière comme un dernier adieu à ceux dont on va s'éloigner pour longtemps et que peut-être on ne reverra jamais. Et si parfois, arrivé sur le seuil, on ressent les défaillances de la dernière heure, l'hésitation ne dure qu'un moment, le charme l'emporte et on marche en avant.

1. Homme du peuple, paysan sédentaire.

Je dois sans doute, pour leur part, à ces impressions d'être resté sourd jusqu'au bout aux conseils timorés comme aux exagérations fabuleuses de mes amis indigènes au sujet des difficultés, des épreuves et des dangers d'une semblable entreprise.

A Homs [1] (l'ancienne Émèse), sur la rive droite de l'Oronte, on retrouve la fécondité d'une vallée plantureuse, des arbres, des jardins ainsi que la vie et l'animation d'une population industrieuse et commerçante. J'y fus rejoint, dès le lendemain de mon arrivée, par mon guide Osman accompagné de son second et d'un courrier, tous trois montés à dromadaire, et dans la soirée je reçus la visite de notre vice-consul, M. Faddoul Bambino, qui, devant retourner à Hamah, sa résidence, venait m'inviter à faire le voyage ensemble et à descendre chez lui. Cette étape d'une quarantaine de kilomètres devait être ma dernière en pays soumis et civilisé avant de m'engager dans le désert.

Le sultaniéh, que nous prenons ici (itiné-

---

[1]. 20 000 habitants.

raire des touristes qui vont de Beyrouth ou de Tripoli à Alep), traverse un plateau uni dont la terre est très fertile et profonde. Cependant on y voit peu de champs en culture; le reste est en pâturage. A mi-chemin nous passons l'Oronte, très encaissé, près du village de Rastan (l'ancienne Aréthuse), sur un beau pont de construction ancienne.

Hamah[1] (ancienne Épiphanie) est bâtie en flanc de coteau sur la rive gauche de l'Oronte : un pont en pierres la met en communication avec son faubourg sur la rive opposée. Cette grande et belle ville, industrieuse et manufacturière, fait un commerce considérable non seulement avec Alep, Homs, Damas et les villes de la côte, mais aussi avec les peuplades nomades soumises ou insoumises du désert voisin.

Leurs tribus toujours errantes, sans métiers, sont forcées d'aller se procurer dans les localités des confins du désert les denrées, les vêtures, les fers et ferrures, la mercerie et autres objets dont elles ne peuvent pas se

---

1. 60 000 habitants.

passer, et ce, par échanges contre les produits des innombrables troupeaux qui font leur richesse : le croît, les laines et peaux, le beurre de brebis, les poulains de pure race de leur élevage. De là sont nés, entre elles et les commerçants des villes frontières, des rapports ininterrompus, des communautés d'intérêts, des relations étroites et fidèles. Les communications entre ces villes et le désert sont entretenues par des intermédiaires ambulants, courtiers, colporteurs, chercheurs de truffes ou par des messagers des scheiks. Ces messagers intrépides voyagent isolément, montés sur de rapides *dolouls*[1] avec lesquels ils peuvent franchir en peu de temps des distances souvent énormes.

A mon arrivée, le 4 avril, on venait d'apprendre que les tribus arabes du désert, après avoir passé l'hiver dans l'extrême sud, sur les confins du Nedj, étaient en marche pour retourner, comme tous les ans, à leurs canton-

---

1. Chameau de course, léger : dromadaire, qui est au chameau de charge ce qu'un cheval de pur sang est à un cheval de camion.

nements d'été et que les Sbaâ, sous la conduite des quatre grands scheiks qui en partagent le commandement, tenaient la tête de cette migration et s'avançaient lentement dans la direction de Sochnéh.

J'expédiai aussitôt deux courriers bien montés au-devant des scheiks pour leur faire connaître ma présence, annoncer ma visite et demander les *réfleys*[1], qui me sont indispensables.

Il ne me restait plus qu'à compléter mes préparatifs pendant l'absence de mes courriers et à faire monter ma caravane sur le pied nécessaire à cette expédition, avec un approvisionnement de vivres pour quarante jours; caravane légère, afin de pouvoir faire au besoin de plus longues ou plus rapides traites, assez forte cependant en hommes armés pour parer aux surprises et accidents éventuels de route. Osman, très expert en cette matière, fut chargé d'y pourvoir avec l'assistance de mon secrétaire-interprète.

1. Représentant accrédité du protecteur pour faire reconnaître et respecter son ami, hôte, ou *protégé*, le *darheil*, par tous les gens de sa tribu et de ses alliés selon les lois du désert, le défendre au besoin.

Je passai très agréablement les deux semaines de mon séjour à Hamah, en compagnie de mon aimable hôte, dans la belle et fraîche résidence qu'il possède sur les bords de l'Oronte, où je fis la connaissance de quelques notables indigènes d ses amis, en relations eux-mêmes avec plusieurs grands scheiks du désert. Dans son souci de ma personne et de ma mission, M. Faddoul Bambino me fournit des indications complémentaires utiles et me donna quelques conseils très avisés dont j'ai eu maintes fois occasion de faire mon profit. Il me força même, par son insistance, à emmener avec moi son *cawas*[1] favori, homme très intelligent et réputé pour sa bravoure, un nommé *Hadj*[2] Saïd, dit *El Baroudi*[3]. On verra par la suite qu'il ne méritait ni son surnom de brave, ni la confiance de son chef.

1. Gardes d'honneur des Consulats en Orient, armés d'un sabre recourbé.
2. Titre des Musulmans qui ont fait le pèlerinage de la Mecque.
3. Le brave, le vif comme la poudre, de *baroud*, poudre.

CHAPITRE II

Les peuplades nomades : Turkmens et Kurdes; Arabes Bédouins. — Tribus assujetties et tribus indépendantes. — Nomenclature. — Les Anézéhs et les Choummars. — Commerce d'échanges avec les populations sédentaires.

En attendant le retour de mes courriers, passons en revue les populations nomades qui occupent actuellement les déserts de Syrie et de Mésopotamie, ainsi que celles qui les ont précédées.

A la suite de la conquête des Osmanlis et de l'invasion persane, des tribus de pasteurs turkmens et kurdes se répandirent dans ces déserts, les occupèrent, et en étaient seules maîtresses encore du temps de Carsten Niebuhr, en 1766. A la fin de ce siècle et au commencement du nôtre, des tribus nomades de race arabe, jusqu'alors confinées dans l'extrême sud, Nedj et Arabie centrale, envahirent en grandes masses le *Djézireh* (Mésopotamie) d'abord, le *Schamiéh* (désert de Syrie) un peu plus tard, refoulant devant elles, sur les confins de ces déserts, les premiers occupants incapables de résister à ce flot qui montait, montait toujours. En 1810-1812, les tribus arabes, ou Bedous, comme elles se nomment aussi, ne s'étaient pas encore avancées au delà de Tadmor [1]. Les Turkmens et Kurdes n'occupaient donc plus que la *Palmyrène* [2], dans le Schamiéh, et s'y trouvaient par trop à l'étroit. Les douars les plus en arrière poussant les autres devant eux vers les territoires des populations sédentaires de l'empire, les plus en avant durent s'y réfugier, solliciter la protection du gouvernement et lui faire leur soumission. En 1812, Burckhardt ne retrouva plus à l'état nomade, sur les confins des déserts, les tribus turkmens et kurdes qu'y avait laissées Niebuhr, et je n'y ai pas retrouvé, en 1866,

1. Nom arabe de Palmyre.
2. Contrée très montagneuse en partie, située au nord d'une ligne fictive partant de Kariétin pour aboutir à l'Euphrate par le Wadi-Swâd, vers Eurzy.

celles signalées par Burckhardt. Leur exode avait continué à mesure que le flot envahisseur s'avançait. Les Arabes Bédouins occupaient alors toute la Palmyrène et campaient en été jusque sur les bords de l'Oronte, disséminés de tous côtés à peu de distance des territoires soumis. — Cependant, il reste encore sur les confins du désert un certain nombre de ces tribus turkmens et kurdes, faibles et toujours prêtes à se réfugier sous la protection du sabre du pacha le plus voisin. Si quelques-unes s'aventurent parfois au désert, c'est sous la sauvegarde de *khouéhs* (pactes d'alliance ou de fraternité) conclus avec les Bédouins, ou quand ceux-ci se sont éloignés en automne pour retourner à leurs quartiers d'hiver dans le sud. Les autres, confinées en territoires soumis, ont dû, faute de terrains de pacage assez étendus, réduire beaucoup le nombre de leurs troupeaux et, pour vivre, quitter la lance pour la houe et la charrue, la tente pour le gourbi, le gourbi pour la hutte, la hutte pour la maison et le village. Ainsi, de nomades qu'elles étaient, elles deviennent peu à peu sédentaires et finalement assujetties. Ce qui reste en arrière de ces anciennes peuplades errantes, chassées par l'invasion arabe, en viendra fatalement là, tôt ou tard.

J'ai voulu savoir par quels événements et quelles causes cette émigration d'une partie si considérable des tribus de la presqu'île Arabique avait été provoquée. En voici le résumé d'après les dires de quelques scheiks de grandes tentes et d'après les renseignements que m'ont fournis d'autres indigènes.

Ces Arabes de race pure (presque tous descendants d'Ismaël) sont originaires de l'Arabie centrale et du Nedj, dont leurs nombreuses tribus, en partie sédentaires, en grande majorité nomades, occupent et parcourent les divers déserts et les sinistres *néfouds* (déserts de sables mouvants). Ils se divisent en grandes branches, ou familles, qui se subdivisent en rameaux et ceux-ci en tribus dont chacune a son nom propre et reste indépendante des autres. Entre elles il existe des alliances pour la défense d'intérêts communs; par contre il y a aussi des inimitiés et même des haines causées par des rivalités ou des compétitions. Cette race est très prolifique. Sa population augmente sans cesse et sa densité en était arrivée à un excès tel, que les territoires de parcours, malgré leur immense étendue, ne suffisaient plus ni à ses besoins ni à l'alimentation de ses troupeaux. Les tribus, aux abois, manquant de tout, se disputèrent avec acharnement les pâturages et les eaux dans de sanglants conflits. Les plus faibles durent céder la place aux plus puissantes et émigrer les premières. Sachant ne pouvoir trouver de ressources dans le sud, stérile et désolé, elles se dirigèrent vers le nord-est et le nord, visant de loin les pâturages relativement gras de la Mésopotamie et de la Palmyrène, dont la réputation excitait leur convoitise.

Ainsi, les principales causes de cette émigration sont : tout d'abord le trop-plein de population à écouler au dehors, en second lieu l'appât entrevu de territoires moins arides ou plus fertiles.

Les premiers émigrés en tête de colonne ont été suivis par de nouveaux émigrants les serrant de près et les poussant en avant, suivis eux-mêmes par d'autres et ainsi de suite jusqu'à nos jours, comme une marée montante dont les flots se succèdent, sans jamais reculer, et s'avancent très lentement. Cette invasion, sortie du Nedj, a donc mis soixante-dix, peut-être quatre-vingts années pour atteindre au nord les extrêmes confins du Djóziréh et du Schamiéh et pour occuper ces déserts en entier.

Mais cette émigration des Arabes de l'extrême sud ne s'est pas arrêtée ; elle continue, comme elle a commencé, toujours très lentement, sous l'action des mêmes causes, et donnant ainsi la mesure de l'augmentation ininterrompue et constante de la population dans le Nedj et dans l'Arabie centrale. Les scheiks m'ont nommé deux nouvelles tribus qui s'étaient montrées pour la première fois dans le bas Schamiéh, l'année précédente, et qui les suivaient de près.

Le jour viendra donc où les tribus arabes les plus avancées, refoulées sans cesse par les masses à leur suite, seront bien forcées, comme avant elles les Turkmens et les Kurdes, de se réfugier sur les territoires soumis, d'implorer la protection des Turcs, et de passer à leur tour de la vie nomade et indépendante à l'état de paysans sédentaires, sujets du sultan.

C'est ainsi qu'avec le temps se repeupleront et seront remis en valeur, dans trois provinces des possessions d'Asie de l'empire Ottoman, les grands territoires dont les terres, cependant si fertiles, sont à l'abandon et en friche depuis des centaines d'années.

La plupart des tribus arabes sorties de l'extrême sud appartiennent à deux des familles les plus puissantes et les plus grandes de leur race, entre lesquelles il a toujours existé et existent encore des inimitiés irréconciliables, source de fréquents et parfois sanglants conflits :

Les *Anézéhs* ou *Anézis*, dont les nombreuses tribus occupent tout le *Schamiéh* sur la rive droite de l'Euphrate,

Et les *Choummars* ou *Chommers*, établis en force dans le *Djéziréh* [1], sur la rive gauche.

Peuples pasteurs par excellence, ils ne culti-

---

1. L'Ile, nom arabe de la Mésopotamie.

vent jamais le sol, n'ont pas d'industrie et n'exercent aucun métier; leurs femmes seules se livrent à des travaux manuels, tissent de fortes toiles à tentes, font des cordes et cordages à leur usage en poils de chameau, et fabriquent aussi beaucoup de beurre de brebis, dit beurre de Bédouin (détestable, à mon avis), fort apprécié par les populations sédentaires; elles ont dans leurs attributions, outre tous les soins d'intérieur et de ménage, même la tonte des moutons.

Ces Arabes n'ont pour demeures que des tentes et vivent des produits de leurs innombrables troupeaux de chameaux et de moutons dont le croît, les toisons, les peaux font, avec les poulains de leurs admirables juments, toutes du sang arabe le plus pur et issues des cinq juments favorites de Mahomet, la principale ressource pour les ventes ou pour les échanges. Ces négociations s'opèrent pendant l'été, alors que les tribus sont campées près des confins des territoires soumis, à proximité des villages et des villes où elles trouvent, comme je l'ai dit plus haut, à s'approvisionner, directement ou par intermédiaires, des denrées et objets divers nécessaires à leurs besoins. Cela ne va pas sans bien des difficultés, sans subir des exigences, même des avanies. Les pachas, bien informés, ne manquent pas cette occasion favorable de faire sentir leur autorité et d'imposer leurs conditions à ces Bédouins insoumis et pillards, partout ailleurs insaisissables, qui se prétendent indépendants, libres, seuls maîtres et seigneurs au désert. Mais ceux-ci se tiennent toujours sur le qui-vive, dans l'appréhension d'une attaque à main armée, et, dès qu'ils se sentent menacés, ils plient bagages avec une rapidité inouïe et décampent à marches forcées jusqu'à ce qu'ils se sentent hors de toute atteinte.

La tribu est une agglomération de familles menant ensemble la vie pastorale et patriarcale sous la conduite d'un scheik *kébir* [1], qualification qui le distingue des scheiks de famille. Sa population se divise en trois classes principales : — la haute classe, composée des

---

1. Grand.

familles les plus anciennes et les plus riches par le nombre de leurs troupeaux et par celui de leurs chevaux de race : c'est l'aristocratie guerrière; — la classe moyenne, moins fortunée, mais cependant dans l'aisance, qui peut fournir un contingent de fantassins armés de mauvais fusils à mèche; — et la basse classe, tout un peuple de pauvres chameliers et bergers, pour la plupart aux gages des précédentes, mais dont le plus humble possède au moins un ou deux chameaux pour le transport de sa famille, de sa tente et de son modeste bagage. Au milieu de cette population vivent de leur métier des maréchaux ferrants venus des pays soumis, ainsi qu'un ou deux écrivains-secrétaires au service des grands chefs, illettrés comme tous leurs sujets, et un certain nombre de nègres, esclaves ou affranchis, serviteurs dévoués et braves, que possèdent seulement les grands personnages.

Le scheik kébir conduit la tribu, pourvoit à sa sécurité, traite ses affaires, choisit les lieux de campement du douar et donne la route à suivre, rend la justice avec l'assistance d'un cadi[1], commande à la guerre et aux ghazous importantes, et doit toujours se montrer le premier en tête pour faire face au danger, mais dans toute affaire d'intérêt public il ne prend aucune décision sans s'être au préalable concerté avec les scheiks des familles notables, réunis en conseil. — Si j'ai dit qu'il *conduit* la tribu, c'est que nul n'est forcé de lui obéir ou de le suivre et que chacun peut en toute liberté aller s'établir ailleurs. Son autorité et ses arrêts n'ont pour toute sanction que le besoin d'union, gage de force et de sécurité, et la mesure de son influence personnelle et de son prestige.

A la mort d'un grand scheik, son successeur est élu ou, pour mieux dire, choisi, par l'assemblée des notables, dans sa famille, sans suivre l'ordre de primogéniture, en donnant la préférence, parmi les adultes, au plus digne et au plus capable par son intelligence, ses vertus et sa valeur, qu'il soit fils, frère, neveu ou même cousin du défunt.

1. Juge, homme de loi.

La force armée se compose :

Des *cavaliers*, dont le nombre est en raison de celui des chevaux en état de marcher et de combattre. Ils portent une longue lance faite d'une espèce de bambou, un sabre court ou un coutelas. Quelques scheiks possèdent des pistolets à pierre et des cottes de mailles ;

Des *fantassins*, dont l'effectif, beaucoup moins fort, est composé de tous les hommes possédant un fusil. Dans les expéditions un peu lointaines ils sont montés à dos de chameau ou de dromadaire et désignés alors sous le nom de *mardoufs*.

Les autres Bédouins de la tribu ne marchent jamais sans avoir à la main une lance courte, sorte d'épieu ou bâton ferré. Tous, dans toutes les classes, possèdent en outre de petites hachettes ou des masses d'armes à manches en bois ou tout en fer.

Les conflits entre tribus, même parentes, seraient continuels, l'anarchie serait complète au désert et la vie nomade y deviendrait quasiment impossible sans le frein tout-puissant des lois sacro-saintes dont j'ai parlé plus haut dans l'Introduction, — lois devant lesquelles chacun s'incline avec le plus profond respect, depuis le scheik le plus puissant jusqu'au plus humble berger, et auxquelles tous, sauf de très rares exceptions, obéissent sans jamais les violer.

Ces Arabes sont tous musulmans, très tolérants. Ils passent pour être des religionnaires tièdes, peu et mal pratiquants selon le Coran, entachés en outre de sabéisme, vestige de leur religion primitive.

Les principales tribus *Anézéhs* sont :

Les *Ouled*[1] *Aly* et les *Djélas*, subdivisés en Saoualmis, Ouled Abdallah et Rouella, proches voisins, partant ennemis; ils vivent aux environs de Damas depuis la montagne du Hauran, au sud, jusque vers Kariétin, au nord. En désaccord avec les autres Anézéhs, ils s'aventurent rarement du côté de Tadmor et jamais dans la région montagneuse voisine. Nombreux et belliqueux, ces Bédous respectent cependant les territoires soumis et témoignent une soumission plus apparente que bien réelle aux

---

1. Enfants, descendants.

autorités de Damas, afin de ne pas se faire interdire l'accès de cette ville, seule place d'échange et de ravitaillement à leur portée;

Les *Sbaâ* (les lions), ainsi nommés pour leur bravoure : les plus forts par leur nombre, fiers et entreprenants, les moins portés à toute soumission, ils seraient redoutables si, comme les Choummars de Mésopotamie et comme les Amarats, dont il sera question plus loin, ils obéissaient à un chef unique. Ils vivent et marchent en quatre groupes principaux. Ces quatre groupes sont sous la conduite d'autant de scheiks kébirs : *Soliman ibn Merched, Ferès ibn Hédeb, Aly Feguigui* et *Mohammed ibn Moïnah*, qui restent toujours en communication, mais dont aucun n'exerce de suprématie et n'est revêtu d'une autorité supérieure. Les Sbaâ ont leurs quartiers d'été dans la haute Palmyrène jusqu'à l'Oronte et ses affluents dans le voisinage de Homs, Rastan et Hamah où ils font leurs échanges et renouvellent leurs approvisionnements. Ils se portent rarement du côté de l'Euphrate;

Les *Messaliks* et les *Héssénés*, alliés et toujours unis, mais très amoindris et faibles, souvent en différends avec les Sbaà, campent sur les confins extrêmes du désert depuis Djérud et Kara jusqu'au delà de Homs dans le nord, se tenant toujours prêts à passer, à la première alerte, sur les territoires soumis. Obligés souvent de solliciter l'appui des autorités turques contre les autres Anézéhs qui leur disputent la jouissance des pâturages, ils se sont mis dans la dépendance des pachas et peuvent être considérés, quoique encore à l'état nomade, comme des sujets du sultan;

Les *Feddadn*, moins nombreux que les Sbaà, mais tout aussi batailleurs, sont divisés par des compétitions de pouvoir et par des querelles de famille. Affaiblis en outre par leurs combats avec les troupes du pachalik d'Alep et leur guerre continuelle de *ghazous*[1] avec les Chounmars de Mésopotamie, ils ont beaucoup perdu de leur ancien prestige, quoiqu'ils soient encore redoutables. Ces Anézéhs sont répartis en trois fractions principales : la plus forte est sous le

1. Expédition de pillage, razzia.

commandement de *Dehdan ibn Gaïchiche*, vieux guerrier renommé pour sa bravoure et pour les luttes qu'il a soutenues contre les Turcs; — une autre, sous celui d'*Ibn Harrémis*, homme avide de butin, sans scrupules et retors; — la troisième suit les bannières d'*Ibn Ghébain* et d'*Ibn Ghafel*, connus pour leur loyauté et la fidélité avec laquelle ils remplissent leurs engagements. Ces Feddaàn, alliés et proches parents des Sbaà, campent en été sur la rive droite de l'Euphrate, entre Anah et Meskénéh en amont, ainsi que dans le désert voisin, jusque dans le voisinage d'Alep, leur principal marché depuis qu'ils sont en paix avec le gouvernement de cette province; — une fraction moins forte de cette tribu, composée des partisans d'un nommé *Djeddadn*, vit au loin dans la haute Palmyrène, sous la conduite de ce scheik, depuis qu'à la suite d'un meurtre il a dû fuir devant la vengeance du sang et émigrer avec tous les siens;

Les *Amarats* forment une très nombreuse et vaillante tribu, dont le grand chef *Abdoul Messen* est issu, comme ses prédécesseurs, de la noble et illustre famille des Ibn Haddal, Abdoul Messen jouit d'une grande considération et d'une influence sans partage. Son autorité est presque absolue. En été, les Amarats remontent dans le nord à la suite des Feddaân et des Sbaâ, mais rarement au delà d'Anah et des puits de Djub-Gahnem. Comme les Feddaân, ils sont proches voisins des Choummars, avec lesquels ils baillent sans fin ni trêve. Néanmoins leurs rapports sont excellents avec les autorités et avec les populations sédentaires du gouvernement de Bagdad, dont le marché leur est ainsi toujours ouvert.

De petites tribus indépendantes sillonnent aussi le Schamiéh. Trop faibles pour résister à leurs ennemis, elles marchent de concert avec les grandes tribus, leurs alliées, auxquelles elles se mêlent parfois et dont elles suivent la fortune, bonne ou mauvaise. Entre bien d'autres, il faut citer les *Ouled Soliman*, satellites des Feddaân, — les *Salatines* et les *Salgas*, attachés aux Amarats; — les *Aamour*, qui, retranchés en hiver sur les escarpements du Djebel Abbiat, dans la Palmyrène, vont camper en été au milieu des douars des Sbaâ. — Enfin deux fractions de Choummars, obligées d'émigrer à la suite de sanglantes querelles intestines, se sont réfugiées dans le Schamiéh, sous la protection des ennemis séculaires de leur race. L'une, la plus forte, sous le commandement du scheik *Medjhem ibn Ouatebahn el-Témiat*, marche avec les Amarats; — l'autre, plus faible, conduite par le scheik *Semaire ibn Djerba el-Zidân*, homme de pillage et de rapine, envieux, rapace et sans conscience, s'est associée aux Feddaân de Ibn Harrémis. Ces deux scheiks font la paire.

On dit tous ces Arabes aussi hospitaliers que pillards, incapables de trahison, fidèles à la foi jurée, quoique avides et âpres au gain, toujours charitables, souvent très généreux. Ils sont intelligents et vifs, causants et enjoués, naïfs dans leur ignorante simplicité, impressionnables, patients et résignés dans le malheur, hardis, entreprenants et très braves, mais jamais sanguinaires comme leurs congénères d'Afrique, les Maugrébins (Arabes de l'occident). J'ai maintes fois eu occasion de le reconnaître, sous réserve de quelques très rares exceptions.

Le Djéziréh n'est occupé, outre les Choummars, que par de petites et faibles tribus qui vivent à leur suite et sous leur protection. Ces nomades obéissent tous à deux grands scheiks de la famille des Djerba, *Ferhân* et son frère *Abdoul-Kérim*. Ils reconnaissent la suprématie de la Sublime Porte, qui a donné l'investiture de l'autorité supérieure au scheik Ferhân avec le titre de bey ou d'émir. Soumis au commandement supérieur d'un seul, sans divisions intestines marquées, c'est à leur union qu'ils doivent de pouvoir, quoique inférieurs en nombre, tenir tête aux Anézéhs du Schamiéh. Pour les échanges et ravitaillements, ces nomades ont à leur portée Bagdad, Mossoul, Orfa, Mardin et même Diarbékir. Les caravanes et les voyageurs n'ont pas à craindre leurs entreprises de pillage; ils les protégeraient au besoin.

CHAPITRE III

En route pour le désert. — A travers les montagnes de la Palmyrène. — Arrivée chez les Sbaâ. — Réception, hospitalité. — Premier entretien avec des scheiks de grandes tentes.

Le 15 septembre, mes courriers sont revenus accompagnés de réfieghs porteurs de lettres pressantes de leurs scheiks respectifs, Soliman ibn Mersched des Sbaâ et Djeddaân des Feddaân, momentanément réunis, qui m'offraient l'hospitalité et m'attendront dans la plaine du Chaher au pied du Djebel Méra.

Le surlendemain, dans l'après-midi, ma caravane[1] au grand complet, approvisionnée de tout le nécessaire pour 40 jours, et tous les bagages

1. Personnel : guides, chameliers et batteurs d'estrade, tous Bédouins, 11 ; gens de service et auxiliaires, recrutés en ville, 6 ; au total 17, non compris moi et mon secrétaire-interprète. Huit de ces hommes armés de fusils. Effectif : 9 chameaux de charge ; 5 dromadaires et 5 chevaux de selle = 19 bêtes, plus les 2 ânes des chameliers — Trois tentes.

chargés, n'attendait plus que moi, en dehors de la ville, pour se mettre en route.

Je n'avais pas commis la faute, insigne dans cette partie du Levant, de me déguiser sous un costume arabe et de coiffer le tarbouche ou le turban. L'Européen, le Frangi, doit y affirmer sa nationalité par ses vêtements ordinaires : il jouit ainsi d'un plus grand prestige, commande le respect, inspire même une crainte salutaire quand on le sait bien armé et résolu. C'est donc le casque colonial sur la tête et dans mon costume ordinaire de chasse ou de voyage que je ralliai mes gens.

A 5 heures du soir, nous nous mettons en route pour Salamiéh, dernier village aux confins du désert, à 35 kilomètres dans le S.-E., à travers une grande plaine bien cultivée qui s'étend en largeur entre l'Oronte sur notre droite et les contreforts d'une petite chaîne de montagnes, parallèle à notre chemin, sur la gauche. On ne tarde pas à apercevoir dans le lointain une imposante ruine, haut perchée au sommet d'un escarpement de ces montagnes. C'est Schemémis, ancien fort romain, qui domine Salamiéh et la vallée d'une petite rivière, affluent de l'Oronte, dont les eaux fertilisent les jardins de ce grand village.

Après deux heures et demie de marche, campement sous la tente, en pleine campagne, pour souper et passer la nuit.

18 avril. — Le lendemain nous faisons de très bonne heure notre entrée à Salamiéh, où il faut passer cette journée à la recherche des dernières nouvelles des Anézéhs et de ce qui se passe au désert.

Autrefois extrême avant-poste des territoires soumis, Salamiéh, appuyé par le fort de Schemémis et par une haute tour de veille actuellement abandonnée, commandait toute la région voisine, ainsi que l'attestent les nombreuses ruines de cette époque que l'on rencontre partout. Les anciens, et après eux les Romains, occupaient cette position stratégique excellente avec des soldats laboureurs pour la défendre.

A deux kilomètres dans le sud de Salamiéh, j'ai découvert, sur le sommet d'un petit monticule, un amas de fûts de colonnes monolithes, des chapiteaux sans sculptures, des fragments de portiques et beaucoup de débris enfouis dans le sol, restes d'un ancien temple romain. A l'intérieur, sur la place publique, se trouve un grand château carré, de construction très ancienne, en pierres de bel appareil, avec des dépendances en médiocre état d'entretien. Au-dessus du portique de l'édifice principal, on voit une inscription en langue persane et caractères arabes, bien conservée. Tout autour, sur la place, gisent à terre des débris de fûts de colonnes et des fragments de chapiteaux sculptés, appartenant à l'époque grecque de la décadence. J'ai visité plus loin, au milieu des maisons, une mosquée, très délabrée, évidemment construite avec les matériaux d'une ancienne église chrétienne, dont il subsiste encore un arceau, avec sa clef de voûte en saillie ornée d'une croix (forme de celle de Malte) sculptée en bas-relief, qui n'a pas été mutilée.

Salamiéh n'a plus même, comme Kara et Hassia, une garnison de bachi-bozouks. Les troupes régulières des garnisons de Homs et de Hamah viennent seulement camper sous la tente, pendant quelques mois d'été, aux environs, dans des prairies, le long de la rivière. Cette protection momentanée est insuffisante; les habitants en sont réduits à demander une sécurité plus durable à un pacte de fraternité avec les tribus nomades.

Au retour de mon excursion, je trouve devant ma tente quatre marchands de Hamah, colporteurs et courtiers. Informés de mon départ, ils m'avaient précédé la veille à Salamiéh avec leurs pacotilles et m'attendaient pour solliciter la faveur de marcher sous ma protection au-devant des tribus anézéhs en rapports de commerce avec eux. C'est une sorte d'hospitalité, gage d'une sécurité relative, qui, me dit-on, ne se refuse presque jamais. J'y consens donc, mais sous la réserve expresse de rester seul maître de la marche à suivre, des campements à choisir, de tout parti à prendre, bien résolu de n'admettre ni ingérence ni la moindre observation. Chacun d'eux restait libre de ne plus me suivre. Je les prévins en outre que je n'accorderais aucun jour de repos avant d'avoir trouvé les douars de Soliman et de Djeddaàn.

— Leur caravane était cependant plus forte que la mienne, en hommes et surtout en bêtes de somme lourdement chargées qui portaient, outre les vivres et provisions, environ 2 500 kilos de marchandises, principal objet des appréhensions de ces trafiquants.

19 avril. — A l'aube, nous partons ensemble de Salamiéh, ma caravane en tête sous la conduite d'Osman, le cap au sud. Après une demi-heure de marche à travers des champs cultivés, on entre dans le désert et bientôt on ne voit plus ni sentiers battus ni traces bédouines. Devant nous s'étend au loin un grand plateau ondulé qui s'élève insensiblement jusqu'à deux *tells* jumeaux, dits les Deux Mamelles, dont les sommets pointus émergent à l'horizon. Il est fermé sur notre droite par les derniers contreforts du Djebel Schoumriéh; à gauche, nous apercevons la tour de veille carrée dont nous avons parlé et des croupes surbaissées qui masquent la vallée de la rivière de Salamiéh, puis, au delà, un pays de collines basses que traverse le sultaniéh de Hamah à Alep.

Le sol est maigre, pierreux par places et couvert de hautes herbes encore vertes parmi lesquelles dominent l'arboise et l'absinthe.

On ne voit pas âme qui vive, la solitude est complète.

La caravane, les rangs serrés, s'avance lentement, Osman toujours en tête avec les réfieghs; ses deux seconds ferment la marche pour veiller à ce que nul ne s'écarte ou ne reste en arrière; les cavaliers couvrent les flancs. Soit appréhension des périls à courir, soit regrets du départ, soit encore recueillement ou émotion à la vue de cette nature sauvage et désolée, un nuage de silencieuse et morne tristesse pèse sur tout ce monde. Tannous, mon palefrenier, a une belle voix de ténor et possède un ample répertoire de chansons et chansonnettes arabes. Osman lui fait entonner ce qu'il a de plus joyeux et de plus enlevant. Les refrains, bientôt répétés en chœur par tous ces Arabes, leur ont bien vite rendu l'entrain et la gaieté.

Arrivés aux Deux Mamelles, après quatre heures de marche, nous nous arrêtons pour déjeuner, prendre un peu de repos et faire pâturer nos bêtes, car les étapes se franchissent en deux traites, l'une le matin, l'autre dans l'après-midi. Il y avait tout auprès de l'herbe en abondance et de l'eau excellente dans un ancien aqueduc souterrain, partiellement obstrué, dont la tête se trouve au pied d'un de ces tells jumeaux.

« Ces monticules, dit W.-G. Palgrave, sont trop fréquemment placés dans le voisinage des réservoirs souterrains pour que ce soit l'effet du hasard, et cependant je ne saurais expliquer la raison d'un tel rapprochement. Les collines dont je parle, beaucoup trop basses pour jouer le rôle de montagnes en attirant à elles les vapeurs et les nuages, paraissent ne pouvoir servir qu'à indiquer la présence de l'eau, et cependant elles ne sont certainement pas l'ouvrage de la main des hommes. J'ai vu parfois des puits auprès desquels ne se trouvaient pas ces petits monticules, mais je ne me rappelle pas avoir jamais rencontré un seul de ces tumuli solitaires qui fût dépourvu d'un réservoir d'eau. Ce caprice de la nature n'est pas particulier à l'Arabie (centrale), je l'ai observé dans les plaines de la Cœlé-Syrie (Bkaâ) et plus souvent encore dans le désert de Damas. »

Du haut de ces tells on découvre une grande plaine, aux aspects variés, qui s'étend à perte de vue entre le nord et le sud-est, mais fermée au sud par le Djebel Bélas dont les sommets au loin se dressent devant nous. Ses flancs sont couverts de bouquets d'arbres ou d'arbustes, qu'on distingue fort bien avec une lorgnette; au nord on croit voir une immense nappe d'eau : c'est une illusion d'optique, un mirage fréquent dans ces solitudes.

Après avoir fait une ample provision d'eau dans de grandes outres en peau de chameau, nous nous remettrons en route sans tarder, afin de nous rapprocher le plus possible du Bélas, au delà duquel se trouve le Chaher où nous attendent, tout en cheminant, nos amis les Sbaâ et les Feddaàn.

Au plateau que nous avons suivi jusqu'ici succède un pays de collines séparées par des *Wadis*[1]. Les mouvements de terrain ne per-

1. Vallon, ravin, s'écrit aussi *ouadi*.

mettent plus de voir au loin devant soi. Osman, dans sa vigilance, multiplie les précautions. Notre marche ne suit plus une ligne droite : la caravane défile par le fond des wadis afin d'être moins en vue. Pour éviter toute surprise, quelques éclaireurs à pied armés de fusils se sont portés en avant, d'autres couronnent les hauteurs sur nos flancs.

Enfin, après une contremarche d'une demi-heure dans une direction à l'écart de notre route, Osman arrête la caravane au fond d'un vallon profond, étroit et tortueux pour y passer la nuit aussi bien dissimulés que possible à tous les regards.

Les tentes dressées et le campement organisé, Osman vient me prier de réunir en *medjlis* (conseil) les deux réfieghs et quelques notables de la caravane, experts des choses du désert. Il s'agit de discuter devant moi l'itinéraire à choisir pour nous rendre dans le Chaher. On ne trouve pas de chemins frayés dans le Bélas; ses flancs, très abrupts, semés d'obstacles, sont impraticables aux chameaux lourdement chargés. Les caravanes ne s'y engagent jamais :

elles contournent cette chaîne de montagnes soit par le sud, soit par le nord. L'itinéraire par le sud offre plus de sécurité, mais est de beaucoup le plus long; celui par le nord est plus court et plus facile, mais non sans dangers; les Choummars de Mésopotamie, sans se laisser arrêter par les distances et par la difficulté de passer l'Euphrate à la nage avec leurs juments, envoient fréquemment jusque-là une ou plusieurs ghazous. Néanmoins mes deux réfieghs préconisent ce dernier itinéraire, qui nous ferait arriver à leurs campements en moitié moins de temps que par la voie du sud. Il suffira, disent-ils, de redoubler de vigilance et de précautions, de marcher la nuit guidés par les étoiles, de passer le jour cachés dans quelque wadi, et *Inchallah!* (Dieu soit loué!) nous arriverons sans encombre. Mais nos marchands ambulants jettent les hauts cris : ils craignent pour leurs pacotilles, témoignent la plus grande frayeur et finalement menacent de se séparer de nous. Ceci était le dernier de mes soucis, car leurs chameaux surchargés ralentissaient beaucoup ma marche, et la présence de ces gens pusillanimes, démoralisés à la première alerte, m'était plus nuisible qu'utile en cas d'aventure.

Osman de son côté, quoique peu inquiet sur l'issue d'une rencontre avec une de ces ghazous, considérait tout conflit, dussions-nous en sortir indemnes, comme fâcheux pour l'objet essentiellement pacifique de ma mission. Mieux valait selon lui subir une perte de temps. J'allais donc, et bien à contre-cœur, me rendre à toutes ces bonnes raisons, quand un de mes deux batteurs d'estrade, accroupi à la porte de ma tente, d'où il avait tout entendu sans mot dire, vint me tirer d'embarras. Il s'offrait à conduire ma caravane directement dans le Chaher par le plus court chemin, à travers les montagnes du Bélas, en moins de deux jours. L'ascension serait, à la vérité, difficile, pénible et lente, mais praticable cependant avec des chameaux modérément chargés, en ayant soin de mettre à pied les hommes qui les montent. Là, au milieu des gorges, on est à l'abri des ghazous, on trouve de l'eau et des herbages en abondance. « Je connais à merveille, dit-il, toute cette partie du désert, que je parcours souvent à la recherche des truffes jaunes (la *kemma* ou *kama* d'Orient) et des baies rouges du caroubier, mon gagne-pain ordinaire, et je réponds de tout. Je suis un Sbaâ, tu le sais, et je mange ton pain. » C'est le parti que je prends, d'accord avec Osman, malgré les doléances de mes chameliers et les gémissements des marchands qui, n'osant pas s'aventurer dans la montagne avec leurs bêtes de somme surchargées, s'en iront par un autre chemin.

20 avril. — Nous traversons tout d'abord une contrée plus accidentée, plantureuse et riante, où se lèvent devant nous cailles, perdrix, courlis, outardes, lièvres et quelques sangliers, avant d'arriver au pied du Bélas. L'ascension commence, le Sbaâ et Osman en tête pour choisir et montrer les meilleurs passages ; les chameaux suivent à la file, conduits prudemment par la longe. La montée est moins rude que je ne l'appréhendais, pénible cependant et par suite s'opère très lentement : elle s'achève sans accident à travers des rochers et des gorges où on relève des traces presque effacées d'un ancien sentier. Avant d'arriver au faîte, se trouve un amas de pierres et de moellons taillés, vestiges d'anciennes habitations, village ou poste militaire ; quelques centaines de mètres plus loin, on découvre, renversées sous un arbre, les ruines d'un petit monument romain, dont il reste un fragment de corniche et une pierre de taille portant une inscription latine de quatre lignes en lettres majuscules, la plupart effacées par l'action du temps ou illisibles, à l'exception de trois mots, un sur la troisième ligne, deux sur la quatrième, à leur place dans l'ordre suivant :

. . . .
. . . .
. . . . IMPAR.
. IMPERUS DIVINUS....

Son peu d'importance permet de supposer seulement que c'est un témoin de leur passage laissé par des légions romaines en marche sur Palmyre, celles d'Hadrien qui réduisit cette ville en colonie, ou celles d'Aurélien qui la détruisit après la victoire remportée sur la cine Zénobie à Émèse (Homs), en 274.

On traverse au sommet un petit plateau, puis on s'engage dans une gorge étroite et tortueuse au débouché de laquelle s'offre tout à coup à nos yeux une vue très étendue : à nos pieds s'étend un pays verdoyant très mamelonné, et au delà, le dominant de toute sa majesté, se dresse, chaudement éclairée des rayons du soleil sur son déclin, la haute et chatoyante silhouette du Djebel Abbiat qui ferme l'horizon et nous cache Palmyre. — Spectacle grandiose et attrayant par l'étrange variété des teintes successives dont se parent les reliefs des montagnes.

Ici commence la descente du versant oriental du Bélas; elle n'est pas mauvaise et se fait rapidement. Nous campons à son pied dans le Chaher, plus tôt qu'Alléoui le Sbaà ne l'avait annoncé.

Nuit mauvaise par un grand vent et une pluie abondante jusqu'à deux heures du matin, la dernière de la saison.

21 avril. — Le temps s'est déjà remis au beau. Nous partons, cette fois, à la recherche de nos nomades, à travers des plis de terrain et des mamelons, dernières déclivités de la montagne, qui précèdent la plaine basse de cette région. Nous obliquons tantôt à droite, tantôt à gauche. Dans mon impatience, j'accompagne cette fois mes éclaireurs. Mais c'est en vain que, du haut des monticules, nous sondons les alentours dans leurs moindres replis. Rien, toujours rien en vue, pas même un homme ou une tête de bétail. La traite a été longue. A cinq heures du soir, il faut se résigner à camper avant d'être sorti de ce labyrinthe.

22 avril. — Notre quête de la veille nous a, paraît-il, entraînés trop au sud. Il faut tourner à gauche, affirment les réfieghs, et marcher dans la direction du Djebel Méra. Ainsi faisons-nous.

Bientôt, à la sortie d'un dernier wadi, nous entrons dans la grande plaine du Chaher et nous apercevons au loin un très fort douar en marche; il s'avance lentement au milieu d'innombrables troupeaux de chameaux et de moutons, s'arrête et dresse ses tentes noires sur une seule ligne. Un parti de ses cavaliers, envoyés à notre recherche, nous a vus. Trois se détachent pour nous reconnaître; nos réfiegns s'élancent au-devant d'eux, ils s'embrassent et tous viennent à nous en criant le *marhabba*[1] d'usage (soyez les bienvenus!). Les cavaliers ont mis pied à terre, nous en faisons tous autant, et, accroupis en cercle autour du fourneau où un de mes guides fait le café pendant que l'autre offre des cigarettes, une première conversation s'engage et me procure des nouvelles.

Nous avons devant nous le douar de Djeddaàn et celui de Soliman avec une partie du sien; les autres Sbâa suivent d'assez loin; les Feddaàn sont au delà du wadi Haouran se dirigeant vers le Zôr, contrée de bons pâturages au sud de Dheir; on est sans nouvelles précises des Amarats, fort en arrière en aval de Babylone, dans le voisinage de l'Euphrate. Il paraît que Soliman et Djeddaàn nous atten-

1. Mot à mot : « bénie soit ta ou votre journée ».

daient avec impatience depuis deux jours et n'étaient pas sans inquiétude sur notre sort, un parti de Choummars s'étant montré la veille dans les environs.

Informés de notre arrivée par une estafette envoyée aux scheiks, quelques cavaliers nous rejoignent. Soliman les suit peu après, précédé de son nègre favori, qui lui sert d'officier d'ordonnance. Tous les deux montent de superbes juments de haute race, dont l'une est suitée de son poulain. Soliman est de taille moyenne, de figure un peu large; il a les pommettes saillantes, le nez court avec des narines dilatées, les lèvres trop épaisses, mais ses yeux sont beaux, très foncés et très brillants sous d'épais sourcils, noirs comme ses longs cheveux, qui pendent en tresses multiples de chaque côté de son visage. Ses manières sont simples, sa tenue digne et sans pose. La physionomie révèle de l'intelligence, une grande énergie, de la ténacité, avec un mélange de défiance et de bonté.

Il porte le même costume que ses cavaliers : la chemise blanche à manches ouvertes, le *combaz* [1] de coton blanc ou de soie rouge; par-dessus flotte le *machela* [2], que la pelisse de peau de mouton remplace en hiver; comme coiffure la *keffiéh* ou *mouchoir d'Alep*, grand fichu plié en deux par la diagonale, en triangle par conséquent, retenu sur la tête par un *akal* [3]. Ce fichu descend sur le front jusqu'aux sourcils, le gros bout couvre amplement la nuque, les deux autres, plus longs, encadrent la face et protègent les oreilles et le cou; en les relevant d'une certaine façon, on en peut faire un masque parfait, qui ne laisse à découvert que les yeux. Il va pieds nus et sans caleçons, comme tous les Bédouins, dont il ne se distingue, en sa qualité de scheik, que par son machela noir au lieu d'être rayé, son sabre de prix, insigne de commandement, et par des vêtements moins usés.

Il me tend la main ouverte, que je touche de même sans la serrer (le *shakehand* à l'anglaise passant au Désert pour une inconvenance

---

1. Tunique, robe.
2. Manteau sans capuchon.
3. Cordelette double en poil de chameau.

et un manque d'éducation), et m'invite à venir planter ma tente auprès de la sienne, à l'autre extrémité de son douar.

Cette chevauchée à travers les troupeaux, les tentes et toute cette population occupée à terminer son installation d'un jour ou deux, n'a pas duré moins d'une heure et demie. Hommes, femmes, enfants, accourus sur notre passage, nous acclament aux cris de bienvenue, si joyeux et si doux, de : *Ya Allah! Ya Allah!* C'est tout un événement, la curiosité est très excitée depuis quinze jours. Ces demi-sauvages sont pressés de voir cet Émir frangi qui, confiant dans la parole et l'honneur de leurs scheiks, comme dans la soumission des Anézéhs aux saintes lois du Désert, est venu ouvertement et à visage découvert demander l'hospitalité aux Sbaà, séjourner avec eux sans crainte de partager leur dure et aventureuse existence.

Dès que mes tentes sont dressées à la suite des siennes, Soliman me quitte pour me laisser prendre un peu de repos en attendant la visite de son ami Djeddaàn qui s'est annoncé.

Les deux scheiks sont arrivés chez moi dans

la soirée. Djeddaàn est un grand jeune homme de belle tournure, distingué, sympathique, à la démarche pleine de grâce et de noblesse ; les traits de son visage, d'une remarquable beauté, sont fins et réguliers ; il a l'air intelligent et franc ; sa froideur apparente cache une très grande vivacité ; ses allures et son langage sont d'un grand seigneur.

Après les marhabba d'usage et les trois tasses de café sacramentelles, je leur exposai l'objet de ma mission, et la conversation s'engagea.

« Inchallah [1], dit Soliman, ton voyage sera heureux et tu réussiras, car tous les Anézéhs y sont intéressés, et tu les trouveras tous bien disposés. Le plus difficile n'est donc pas de te mettre d'accord avec eux, mais bien de rejoindre leurs scheiks, que tu devras voir. Ton dessein est de te remettre en route à leur recherche dans le désert. Si ce n'est pas impossible, ce sera long et non sans peines ni fatigues dans notre pays où les eaux sont si rares et où

---

1. « Dieu soit loué ! Grâce à Dieu ! »

aucun de nous ne reste plus de deux jours à la même place. Les mouvements projetés des douars sont souvent changés par des circonstances imprévues ou par le caprice des scheiks ou de leurs conseils. Il est un moyen plus sûr de te mettre en rapport avec eux sans t'exposer aux hasards et aux privations d'une semblable recherche. Demeure près de moi dans la tribu, tu es mon frère et mon hôte. J'enverrai des courriers aux autres grands scheiks des Sbaà, Aly Feguigui et Ibn Moïnah; ils viendront te trouver ici en personne, laissant leurs douars suivre l'itinéraire convenu. Les distances ne comptent pas pour eux, le *doloul* (le méhari des Algériens) fait aisément en vingt heures autant et plus de chemin que toi en quatre jours avec ton monde, et il peut se passer de boire pendant cinq jours. Quant au scheik Férès, trop âgé pour affronter une semblable course (il est presque centenaire), dans une dizaine de jours nous le trouverons campé avec son douar à quelques heures de marche seulement du mien. »

A cette offre inattendue j'avais bien des

objections à faire. Je devais traiter aussi avec les Feddaàn, les Amarats et quelques autres tribus ayant droit à des parts dans l'affaire en question; rester avec Soliman, c'était m'en éloigner, tandis qu'en suivant mon programme je m'en rapprocherais beaucoup, j'en finirais plus vite. J'allais continuer quand intervint Djeddaàn, dont jusqu'alors un silence de convenance cachait mal la vivacité naturelle.

« *Esmate*[1], ami franji, Soliman te donne un excellent conseil; son plan est le meilleur, et peu importe qu'il soit le plus long ou le plus court. Ce qui n'est pas fait un jour peut se réaliser le lendemain. L'important est d'aboutir, non pas d'aller vite. Tu ne connais pas encore notre désert. Les nouvelles s'y propagent avec une rapidité inouïe, la gazelle ne court pas plus vite. D'ici à quinze jours, tous les Anézéhs qui vivent dans le Schamiéh depuis Damas jusqu'au Zòr et au Chott el-Arab, Rouellas, Ouled Aly, Feddaàn, Amarats, sauront aussi

---

1. « Écoute bien. »

bien que les Sbaâ que tu es chez Soliman et pourquoi tu y es ; ils espéreront aussi ta visite, l'attendront, se tiendront autant que possible à proximité de ta route et se mettront à la recherche en même temps que toi à la leur. Écoute encore ceci : chez nous autres Bédous, le chemin le plus court est rarement le meilleur, parce qu'il n'est jamais le plus sûr ; tu as pu t'en convaincre déjà. Nous ne le suivons pas souvent en affaires ; nous ne le prenons jamais en marche. Les difficultés de notre existence, semée d'embûches, de trahisons et de surprises, nous font une nécessité de la défiance. Agis donc comme nous t'y engageons, et si même ton séjour chez les Sbaâ se prolonge au delà de nos prévisions, tu n'auras pas à le regretter. Tu apprendras à nous connaître ; nous verrons plus clair dans tes véritables desseins, nous saurons mieux qui tu es et ce que tu vaux. Des voyageurs frangi vont parfois à Tadmôr pour regarder de vieilles pierres ; nos gens en ont conduit ou escorté quelques-uns : ils viennent, séjournent peu et s'en retournent bien vite. Nous ne nous en inquiétons pas. Tu n'es pas de ceux-là, tes projets sont tout différents, on le sait, — et le sentiment de défiance que tout étranger, tout nouveau venu, nous inspire, tu le subis plus qu'aucun autre. Un séjour prolongé parmi nous le fera disparaître et remplacer par une cordiale fraternité, flatteuse pour nous tous et utile à tes desseins, car elle t'assurera d'avance l'entière confiance de tous les autres nomades, celle de nos ennemis aussi bien que celle de nos alliés. — Viens demain déjeuner sous ma tente avec Soliman, et amène ton interprète et Osma ton guide. C'est un festin d'adieux. Dans deux jours je me séparerai des Sbaâ pour me rapprocher d'Alep. Nous ne nous reverrons probablement jamais. Je n'ai, tu le sais, aucune part à revendiquer dans l'affaire que tu poursuis. Encore une fois, je veux te dire : reste chez Soliman comme il te le propose, c'est le conseil désintéressé d'un ami. »

Après mûre réflexion, je finis par me rendre à toutes ces raisons, et c'est ainsi que pendant près d'un mois je devais partager la vie errante de ces Bédouins, les suivant de pâturage en pâturage, séjournant peu de temps à la même place,

> Repliant chaque matin, après un léger somme,
> La tente d'une nuit, semblable au jour de l'homme,
> Et, sur cet océan qui recouvre ses pas,
> Recommençant la route où on n'arrive pas.
>
> (LAMARTINE.)

CHAPITRE IV

Un festin de gala. — La loi du *thar* (vengeance du sang).
— Les grands scheiks par élection. — Guerres et *ghazous*
(razzias). — Les pactes d'amitié et de protection.

23 avril. — Soliman vient me chercher pour nous rendre ensemble chez Djeddaàn. C'est une promenade d'une demi-heure au pas de nos chevaux. En chemin, il m'explique comment se passent ces grands festins et me fait prendre par écrit les noms des plus notables personnages du douar de son ami.

Nous le trouvons sous sa tente, assis à terre, appuyé contre sa haute selle de dromadaire, entouré déjà d'un cercle nombreux de convives. A notre approche il vient au-devant de nous et avec infiniment de bonne grâce et de dignité me conduit à la place d'honneur près de lui, de l'autre côté de sa selle, pour y attendre que dans la salle voisine, séparée de celle des hommes par un épais rideau de fort beaux tapis, les femmes aient fini d'apprêter le repas.

Il se compose invariablement d'un seul et unique plat, mais quel plat! dans ces galas à l'occasion d'un mariage, d'une circoncision ou en l'honneur d'hôtes de marque. Qu'on se figure un énorme vase en forme de sébile autour duquel huit à dix personnes, assises à terre les jambes croisées, peuvent trouver place : ce vase est en cuivre étamé et armé de quatre fortes poignées. A l'intérieur s'élève, en haute pyramide, un pantagruélique pilau de riz au gras, assaisonné avec de la viande de mouton bouillie, le tout relevé de morceaux de beurre frais de brebis : ses rebords sont garnis avec des pains arabes pliés en deux (sortes de galettes de froment très minces, molles et sans levain); comme hors-d'œuvre, du *lében*[1] ; comme boisson, de l'eau; quand elle manque ou qu'elle

---

1. *Lében*, lait caillé de brebis.

est trop mauvaise, on la remplace par du lait de chamelle. D'ailleurs ni linge, ni vaisselle, ni couverts : on mange avec les doigts, on boit à même des vases, on s'essuie comme on peut.

Quatre hommes vigoureux, pliant sous le faix, apportent enfin ce régal impatiemment attendu et le posent à terre au milieu du cercle des conviés. Le scheik me conduit à table et me prie d'inviter par leurs noms les plus qualifiés de ses convives à l'honneur de s'asseoir avec moi autour du pilau, d'y mettre les mains ensemble, d'en déchiqueter les viandes et de s'en repaître à satiété.

On m'offre bien un couvert emprunté à mon cuisinier, mais je le refuse et, plongeant bravement les doigts dans le tas, j'avale une première bouchée; ce mets est exquis; j'y reviens et j'achève mon repas de bon appétit, à la grande satisfaction de mon noble amphitryon, qui, resté debout pour veiller au service et aux besoins de ses hôtes, vient m'offrir plusieurs fois, de sa brune main, les morceaux les plus recherchés. On se lève dès qu'on est rassasié, un esclave nègre vous présente une cuvette d'argent ciselé et un morceau de savon ; un autre, avec l'aiguière assortie, vous verse de l'eau sur les mains. Après cette ablution on va reprendre sa place dans le cercle. Une deuxième fournée de convives succède à la première ; quand le plat est vidé, les quatre porteurs vont le faire remplir au *méharem*[1] ; et ainsi de suite jusqu'au dernier invité, qui était au moins le centième. Pendant tout ce temps, près de trois heures, Djeddaàn est resté debout, et ne s'est attablé que le dernier avec les hommes et les enfants mâles de sa famille. Ainsi le veulent les règles de la politesse et la loi de l'hospitalité chez ces Bédouins.

Après le café et le dernier adieu, nous nous sommes retirés.

Pendant cette longue séance, la physionomie de Djeddaàn, toujours sérieuse et triste, qui ne s'était pas déridée une seule fois dans cette réunion d'Anézéhs, tous vifs, causants, enjoués, m'avait vivement frappé. Au retour, j'en fis la remarque à Soliman et je lui en demandai l'ex-

---

1. Appartement ou quartier des femmes.

plication. Voici sa réponse, telle que je la retrouve dans mes notes de voyage :

« C'est que Djeddaàn doit le *thar* (prix du sang). Il a tué son cousin et il est *djélavoui* (exilé). Je vais te raconter cette histoire : elle t'apprendra combien est terrible cette loi du talion que nos pères ont reçue de leurs ancêtres et nous ont transmise. Il est bon aussi que tu la connaisses, car tu pourrais l'encourir tout aussi bien que nous, si toi ou les tiens veniez à être engagés dans une lutte à main armée.

« Dans nos tribus on ne devient pas grand scheik par droit de naissance, mais par l'élection. A la mort d'un scheik, et quelquefois avant s'il est vieux ou infirme, les anciens et les notables choisissent pour lui succéder, non son héritier le plus direct, mais celui de sa famille que sa renommée de bravoure, de sagesse et de prudence désigne comme le plus apte à commander. Toutes ces qualités sont indispensables au nouvel élu pour lui faire gagner la confiance générale et obtenir l'obéissance volontaire de tous, la seule à laquelle il peut prétendre, puisque, en droit, il n'a aucune autorité ou du moins rien qui la sanctionne. C'est pourquoi un grand scheik ne prend jamais une décision relative à un intérêt général que d'accord avec le conseil des notables, et ne fait-il connaître cette décision que par un simple avis, sans jamais formuler un ordre. Ainsi, quand un douar doit changer de place, il fait seulement savoir partout que tel jour, à telle heure, il pliera ses tentes et ira les planter à tel endroit. Chacun est libre de faire comme lui ou de rester, de se séparer même s'il en a fantaisie, mais il est bien rare qu'un scheik ne soit pas suivi sur l'heure, l'avis eût-il été donné au dernier moment.

« Quand à l'ouverture d'une succession il se trouve dans la famille d'un grand scheik plusieurs candidats de valeur, les compétitions rivales provoquent souvent des querelles entre parents. C'est dans une semblable occasion que Djeddaân, qui est bien le plus hardi et le plus brillant cavalier, en même temps que l'homme le plus généreux et le moins vindicatif du Schamiéh, a eu le malheur de tuer un de ses cousins : il ne le haïssait aucunement, et ne voulait que le jeter à bas de cheval, afin de prouver sa supériorité dans les armes. A la suite de ce meurtre involontaire, il dut s'exiler pour échapper à la vengeance des autres Feddaân, et, profitant des *trois jours et quatre heures* pendant lesquels un usage sacré ne permet pas de poursuivre des fugitifs, s'en aller avec sa famille et tous ses partisans implorer la protection des Turcs et chercher refuge au loin, dans la tribu soumise des Hadédis, accidentellement chez nous autres Sbaâ.

« Par ce meurtre Djeddâan a contracté une dette de sang qui ne peut être éteinte que par le sang, le sien ou celui d'un de ses parents jusqu'au cinquième degré, homme pour homme; et la paix ne pourra se faire que le jour où il y aura un nombre égal de tués de part et d'autre. Telle est la loi du thar; cependant elle permet aux parents de la victime d'accepter le prix du sang, rachat dont le montant, généralement payé en nature, est réglé dans chaque tribu d'après d'anciennes coutumes et d'après l'importance ou la richesse de la famille du meurtrier. Mais plus celle de la victime est puissante, moins elle est disposée à accepter le prix du sang. C'est un acte considéré comme nuisible à sa réputation et attentatoire à son autorité. Des amis communs de la famille de la victime et de Djeddaàn, parmi lesquels des scheiks haut placés et influents, ont échoué dans leurs tentatives de réconciliation. L'hostilité est donc restée à l'état aigu et ne cessera probablement qu'après la mort du coupable.

« Ce que tu as remarqué sur le visage de Djeddaàn, c'est le remords, le chagrin de l'exil, la préoccupation de défendre sa vie constamment menacée, la certitude de succomber un jour ou l'autre ; c'est aussi la honte d'en être réduit, lui le libre et valeureux Anézéh, le fier et noble scheik, à rechercher l'alliance de tribus soumises ennemies de sa race et à se mettre à la solde d'un pacha.

« La loi du thar, si impitoyable et cruelle qu'elle soit, est cependant une institution bienfaisante et salutaire. Ses terribles conséquences, que chacun cherche à prévenir, ont rendu les luttes les plus invétérées entre tribus ennemies, presque exemptes d'effusion de sang. Ce ne sont plus guère que des ghazous dont l'objet principal est d'enlever des têtes de bétail, des juments surtout, par surprise ou par la force, mais sans jamais pénétrer dans les tentes, par respect pour les femmes, les vieillards et les enfants. Le parti le plus faible se retire en présence du plus fort; à forces égales, la lutte s'engage avec l'arme nationale, la lance, qui peut se retenir ou se parer. Nous faisons bien rarement usage de fusils dans ces expéditions, car la balle est brutale et on ne peut en modérer les effets; nous ne nous en servons que pour la défense de nos foyers.

« Les caravanes sont également exposées aux attaques des Bédouins, si elles n'ont pas de protecteur dans leurs tribus. Quand elles sont fortes ou bien armées, elles parviennent aisément à intimider les cavaliers d'une ghazou, en montrant une contenance bien résolue et en faisant d'abord parler la poudre par un tir à blanc; si ce premier avertissement ne les arrête pas, une seconde décharge, visée haut pour n'atteindre personne, mais dont les balles siffleront aux oreilles des assaillants, les fait reculer et abandonner la partie. Autant ces enfants du désert sont entreprenants, hardis dans les engagements à forces et à lances égales, autant ils sont déconcertés, démoralisés jusqu'à la terreur par les armes à feu, contre lesquelles ils sont sans défense et qu'ils redoutent plus encore pour leurs précieuses juments que pour eux-mêmes, car ils savent que, par crainte de tomber sous le coup de la loi du thar, on évitera à tout prix de causer mort d'homme. »

Sur quoi Osman s'écrie en s'adressant à moi : « C'est bien pourquoi, en partant de Salamiéh, je t'ai prié et conjuré de tirer d'abord en l'air en cas de conflit avec une ghazou, et à la dernière extrémité aux juments, jamais aux hommes. » — Et Ibn Merched [1] reprend :

« Toutefois, il reste au vaincu un moyen d'éviter d'être abandonné presque nu, exposé à mourir de faim, de soif et de misère au milieu du désert, s'il en connaît bien les usages. A cet

1. Fils de Merched, c'est-à-dire Soliman, locution d'usage pour désigner la même personne.

effet il suffit, choisissant le moment favorable, de saisir par son manteau un cavalier de marque et, sans lâcher prise, lui dire : *Ana dacheïlak*[1]. Par ce moyen, le protégé devient aussi sacré pour celui auquel il s'est imposé ainsi, et même pour tous les gens de sa tribu, que s'il avait pénétré dans sa tente et avait mangé son pain. Il faut être préparé à tout dans ces solitudes. Pendant le cours de ton voyage, qui sera bien long, tu peux faire, tout comme nous, de mauvaises rencontres, avoir à te défendre et n'être pas le plus fort. N'oublie donc jamais, *sidi* (seigneur), cette particularité du droit à la protection et les deux mots arabes qui te le conféreront. Tu pourrais, comme nous, leur devoir un jour la vie. »

[1]. Mot à mot : moi être ton protégé.

CHAPITRE V

Le douar en déplacement. — Chasse au faucon et chevaux arabes. — Chant de guerre. — Conférence secrète. — Hospitalité et félonie. — Une grande ghazou. — La garde du douar confiée à un *Frangi* (Européen).

26 avril au 7 mai. — Depuis le départ de Djeddaàn, j'ai partagé la vie nomade des Sbaà de Soliman pendant une douzaine de jours encore et je les ai suivis de campement en campement dans leurs marches à l'ouest d'abord, sans sortir du Chaher, jusqu'à l'extrémité du Djebel Abbiat, où, laissant le Bélas à droite, ils ont pris la direction du nord-ouest, à travers un pays uniformément mamelonné. On y rencontre de distance en distance des puits anciens très profonds, bien et solidement maçonnés en moellons d'appareil en parfait état de conservation. Leur situation sur une même ligne n'est certainement pas due au hasard; ils devaient jalonner une route, la plus courte et la meilleure, que fréquentaient, au temps de la prospérité commerciale de Palmyre, les caravanes entre cette ville et l'antique Émèse, la Homs actuelle. Les ruines d'Abou Schendach, ancien fort, romain probablement, qui commande ces puits et les environs du haut de la colline où il est assis, ne permettent pas de mettre en doute cette supposition.

Rien n'est plus animé, plus curieux et plus étrange pour un Européen que d'assister à la levée d'un campement de nomades et à son déplacement en quête d'autres pâturages.

Les femmes chez les pauvres, les domestiques ou les esclaves chez les riches, abattent et plient les tentes, font le paquetage du matériel, du mobilier, des ustensiles et des provisions, chargent les chameaux de bât et garnissent en toute hâte ceux affectés au transport des femmes, des infirmes et des enfants, qui sont installés à l'aise dans de hauts palanquins. Ces palanquins, sorte de grands bâts élégants, sont formés de deux berceaux accouplés qui se font équilibre; un dais ou dôme carré à pans inclinés les couvre; une flèche élevée en bois peint les couronne; des rideaux de drap rouge les ferment; le tout est ornementé d'une quantité de pendants, glands, pompons aux mille couleurs, ainsi que d'amulettes en verre et en coquillages : quatre personnes y trouvent aisément place.

En moins d'une heure tout est prêt. Le grand scheik prend les devants avec un parti de cavaliers; il éclaire la route, explore les environs et choisit la place du nouveau campement; d'autres cavaliers couvrent les flancs; des *mardoufs* (fusiliers montés à dromadaire) forment l'arrière-garde.

Alors tout le douar se met en mouvement sans ordre ni méthode. Chaque famille marche séparément pour son compte avec ses troupeaux, sans souci des voisins; domestiques, esclaves, bergers, chameliers suivent à pied ou à âne; des cavaliers se livrent à des courses folles ou à des passes d'armes. C'est un effroyable pêle-mêle de chameaux, de moutons, de juments avec leur progéniture, accompagné de beuglements, de bêlements, de hennissements et de cris d'appel. Cette colonne s'avance très lentement sur un front de deux kilomètres en pays accidenté, de trois à quatre en pays plat.

Arrivé de bonne heure à l'endroit que le douar doit occuper pendant un couple de jours, Soliman plante sa lance en terre et attache sa jument à côté, marquant ainsi la place où ses tentes seront dressées à l'entrée du camp et les miennes à côté, sous la protection de sa lance, me dit-il, ce qui me dispense de les faire garder pendant la nuit par mes hommes; à la suite viendront celles du cadi, le vieux scheik Douân, dont les deux fils, beaux-frères de Soliman, le hardi Bargache et l'efféminé Chantéri (car même dans ces tribus il y a des muscadins et des poseurs), ont charge spéciale de veiller à ma sûreté et ordre de se tenir à ma disposition.

Le défilé de cette colonne a duré près de six heures. Elle ne se compose cependant que de 600 des tentes du douar de Soliman, auxquelles se sont ralliées 200 tentes des Aamours, campés sur le versant septentrional du Djebel Abbiat; ils resteront avec nos Sbaâ pendant toute la saison d'été.

Ces déplacements de tribus sont, pour un étranger, de véritables promenades d'agrément, assaisonnées d'incidents variés, souvent comiques. Pour tous, c'est une partie de plaisir, une diversion à la monotonie des journées de séjour. Dans les grandes tentes, les heures nombreuses de loisir sont remplies par des causeries, par des récits d'exploits ou de vieilles légendes du désert; des virtuoses improvisent des chants lyriques d'amour ou de guerre; parfois aussi on se livre au plaisir de la chasse au lévrier ou au faucon.

Celle-ci n'est pas entourée, au désert, du luxueux appareil de nos preux du moyen âge. Chez ces peuplades incultes tout se fait avec une simplicité primitive. Sans souci des principes de la haute fauconnerie, que d'ailleurs il ne connaît et comprendrait pas, plus avide d'une proie à se mettre sous la dent que d'une vaine gloriole, le chasseur bédouin dédaigne les oiseaux de haut vol, hérons et autres, et ne s'en prend qu'aux perdrix, aux courlis surtout qui se défendent mieux, à la gazelle même, dont le faucon bien dressé parvient à ralentir la course en fondant sur sa tête pour l'aveugler.

Les chasseurs, montés sur leurs meilleures juments, marchent de front au pas pour faire lever le gibier; le fauconnier se tient au centre, son oiseau encapuchonné et entravé sur le poing, prêt à le lancer. Le courlis levé, se sentant poursuivi, gagne du champ et commence par ruser : crochets à droite, crochets à gauche, retours; tantôt il s'élève, tantôt il redescend. Mais le faucon acharné le serre de près en se tenant toujours plus bas que lui afin de l'empêcher de prendre terre, son seul espoir de salut. Les cavaliers, dans un bon branle de galop, suivent la joute dans toutes ses péripéties, l'œil toujours au faucon, qu'il ne faut pas perdre un instant de vue; ils se fient à leurs montures pour se tirer d'affaire à travers les difficultés d'un terrain couvert de broussailles, de buissons, de roches saillantes, et traversé par des vallons qu'il faut passer sans ralentir l'allure. Cette première phase de la chasse dure une demi-heure au plus. Alors, l'oiseau affolé change de tactique et prend à tire-d'aile une refuite en ligne droite, signe certain d'une fin prochaine. Bientôt le faucon l'atteint, le saisit entre ses serres et, n'étant pas de force à l'emporter, tombe à terre avec lui sans le lâcher. C'est à qui arrivera le premier à cet émouvant hallali, à temps surtout pour arracher la victime à la voracité de son vainqueur. Les chevaux, très animés, prennent d'eux-mêmes une allure de plus en plus vive. Puis, surexcités encore par les cris des chasseurs, ils emportent grand train les cavaliers qui, les jambes près, les rênes ajustées, tiennent la main très basse pour permettre à leurs montures de s'étendre à l'aise et de sonder le terrain, de contourner ou de franchir à volonté les obstacles qu'elles rencontrent.

Cependant les accidents sont très rares. Il est vrai que ces courses, n'étant jamais de bien longue durée, les chevaux ne sont pas hors d'haleine et conservent leur première vigueur jusqu'au bout. Rien d'ailleurs n'égale l'endurance, l'agilité, la souplesse, la sûreté de pied et la merveilleuse adresse de ces admirables pur sang arabes, congénères de nos chevaux de course, dont la différence de taille seule les distingue.

La retraite se fait gaiement au pas de nos montures en écume.

Les grands scheiks sbaà, Ibn Moïnah et Aly Feguigui, que leur collègue Soliman avait invités à venir chez lui pour conférer avec moi, nous ont ralliés le 3 mai pendant une nouvelle marche du douar. Ils sont arrivés ensemble, chacun monté à dromadaire, la lance sur l'épaule, le sabre au côté, les pistolets dans la ceinture, accompagné d'un seul homme pris en croupe, qui tient par la longe la jument de son maître, réservée fraîche pour lui permettre de fuir plus rapidement en cas de mésaventure.

Ces scheiks sont de moyenne taille et dans toute la force de l'âge, alertes et bien pris; ils ont fort belle tournure, l'œil ouvert et franc, des manières distinguées et simples. La connaissance faite, cette fois sans mettre pied à terre, la conversation s'engage vite; les sujets ne manquent pas. Ibn Moïnah, vif, enjoué, curieux de connaître et d'apprendre, ne la laisse pas chômer; il a la parole facile et s'exprime d'une façon claire et nette; nous nous entendons à merveille déjà. Aly, physionomie douce et sympathique, plus froid et plus réservé, écoute attentivement et ne répond guère que par monosyllabes. Soliman, contrairement à son ordinaire, n'intervient pas; il est taciturne, sombre et paraît préoccupé.

Nous marchions depuis quatre heures, quand le nègre favori de Soliman entonna un chant, le chant de guerre des Sbaâ, me dit Aly. — C'est un refrain en sept notes seulement, sur lequel ce barde de la tribu improvise des couplets de circonstance qui, après avoir été débités en solo, sont répétés en chœur par les assistants. Le rythme, monotone d'abord, s'accentue bien vite, devient rude, énergique, et si électrisant qu'il enlève tout le monde. Après quelques couplets, les cavaliers s'animent comme grisés; leurs voix stridentes couvrent les autres. Ils finissent par prendre des allures menaçantes et guerrières que rien ne semble justifier, pendant cette marche paisible, à l'abri de toute surprise et de toute attaque; les derrières de notre colonne ainsi que ses flancs sont actuellement couverts par les autres fractions de la tribu, qui s'étaient depuis la veille beaucoup rapprochées de nous; en avant, il n'y a plus que des tribus alliées ou soumises, et rien à craindre. Je ne devais pas tarder à avoir l'explication de ces allures belliqueuses.

Nous campons dans une petite plaine basse entourée partout de coteaux élevés qui cachent la vue du douar. Au milieu de ce grand cirque formé par la nature, nos 800 tentes sont dressées sur trois lignes.

Dans l'après-midi j'avais remarqué un mouvement extraordinaire dans la tente du scheik; des allées, des venues continuelles, des conciliabules chez le cadi. Pour la première fois, Soliman n'était pas venu prendre le café avec moi pendant l'installation du douar. De toute part, des groupes de cavaliers arrivaient chez lui ainsi que des mardoufs, dont l'un portait au bout de sa lance une grande keffiéh déployée en guise de bannière.

Il se préparait évidemment quelque chose de grave. Le soleil commençait à baisser et j'allais envoyer aux informations, quand le neveu et fils adoptif de Soliman (il n'a pas d'enfant mâle), le petit Aghil[1], charmant enfant de dix à onze ans, intelligent et éveillé, qui m'avait pris en affection et ne me quittait guère, vint m'inviter de la part du scheik à me rendre tout de suite et seul avec mon interprète à une conférence au sommet d'une éminence voisine où, à l'écart des tentes, il m'attendait avec Ibn Moïnah. A ma demande : « Pourquoi là-bas et pas ici chez moi, ou chez ton oncle? » l'enfant me répondit tout bas à l'oreille :

« C'est que si les tentes n'ont pas de portes, afin de rester toujours ouvertes aux hôtes qui se présentent, elles ont trop d'oreilles. On ne doit pas s'y entretenir de choses secrètes. Sur la colline découverte, aucun indiscret ne peut approcher sans être vu et personne n'oserait s'y hasarder. Viens donc, tu es attendu avec impatience. »

Soliman et Ibn Moïnah se trouvaient seuls à ce rendez-vous. A peine arrivé, Soliman me dit sans autre préambule :

1. *Aghil*, noble, de noblesse.

« Nous partons cette nuit pour attaquer les Hessénéhs et nous serons absents deux jours, peut-être trois. Tous les hommes de ma tribu en état de porter les armes feront partie de cette expédition. Il ne restera rien que les femmes, les enfants, les infirmes et les vieillards au douar, qui, bien caché ici, est protégé de deux côtés par le voisinage des autres Sbaâ. Tu ne peux et ne dois pas nous accompagner dans cette ghazou (action de guerre), pas même comme spectateur; cela pourrait compromettre tes affaires, œuvre de paix par excellence. Je te prie de m'attendre ici jusqu'à mon retour. Pendant mon absence, le vieux scheik Douân, notre cadi, a le commandement du douar, mais il n'est en état ni de porter une lance ni de monter à cheval. Pour le maintien de l'ordre intérieur, il suffira, mais à rien de plus. Et c'est à toi, frère, que je confie le soin de protéger mon douar et de veiller à sa sécurité, en surveillant les environs du sommet des hauteurs qui cachent sa présence, mais sans jamais le perdre de vue en t'aventurant au delà. Il ne peut être exposé qu'aux entreprises peu dangereuses de quelque faible ghazou de Bédouins soumis ou d'une bande de voleurs qui connaîtraient sa situation. Tu aurais à le défendre, ce cas échéant, quoique peu probable. Il te sera facile d'intimider ces gens-là, au besoin de les repousser. Tu disposes de forces suffisantes : les seize ou dix-sept hommes de ta suite, passablement armés, non compris Robert, ton interprète.

— Ton compte n'est pas exact, Soliman. Si j'en retranche les non-valeurs, c'est-à-dire ceux qui, à la première apparence de danger, prendront la fuite ou se cacheront dans la brousse, combien me restera-t-il d'hommes braves et résolus, dont je sois absolument sûr : Robert, bien entendu, mon fidèle guide Osman et ses deux aghaïls, mes deux batteurs d'estrade, qui sont des Bédous, soit six; peut-être aussi mes trois chameliers, mais je n'en suis pas certain, en tout neuf au plus, sans me compter. Les autres, tous gens de Hamah ou de Beyrouth, sont des poltrons achevés.

— C'est vrai, mais cela suffit. Tu oublies le prestige dont jouissent ici ton chapeau et celui de Robert, ainsi que la crainte qu'inspirent les armes à feu perfectionnées à tir rapide dont on vous sait porteurs. Ces avantages vous valent une force de quinze fois au moins supérieure à celle d'un de nos cavaliers porteurs de lance. A votre vue, sinon après une décharge de quelques coups de fusil, les agresseurs s'arrêteront et tourneront bride, je te le garantis. Mais tu as oublié de nommer Hadj Saïd.

— Non, ce n'est pas un oubli. A te dire vrai, et entre nous, ce grand sabre qu'il porte avec ostentation toujours, sa hâblerie, son affectation de savoir et de supériorité, cet air de bravache et de pourfendeur qu'il affecte très haut et à tout propos, ne me disent rien qui vaille et ne m'inspirent pas confiance. (Sourire approbateur du scheik.) — Eh bien, alors, soit, ami, je reste et j'accepte, puisque tu y trouves une si grande garantie de sécurité pour les tiens. — Mais dis-moi donc maintenant pourquoi une ghazou précisément contre les Hessénéhs, qui sont des Anézéhs comme toi? Cette guerre entre frères est funeste; elle vous divise et vous affaiblit au profit de vos ennemis. Tu rapporteras du butin sans doute, mais au jour des représailles il peut t'être repris, heureux si ce n'est pas avec usure; c'est un métier de dupe pour tous, où chacun finalement perd des plumes. Vos tribus seraient plus riches et vivraient plus heureuses si toutes, d'un commun accord, renonçaient à ce funeste système de pillages réciproques.

— Peut-être as-tu raison, sidi[1], réplique Ibn Moïnah, après un moment de silence. Mais la ghazou, dont tous les Bédouins sont passionnés, est trop en honneur dans le désert. Le scheik kébir qui n'y sacrifierait pas autant et plus que tout autre perdrait son prestige et compromettrait son autorité. Si elle a les inconvénients et les dangers que tu signales et que je reconnais, elle a par contre l'avantage d'entretenir chez nos populations l'esprit guerrier et l'habitude des combats qui sont les sauvegardes de notre indépendance, de nos libertés et de notre honneur, que nous mettons au-dessus de tous les biens. »

1. Seigneur, sieur, monsieur.

— J'apprécie très haut ces nobles sentiments et je comprends les exigences de la position des scheiks. Je fais aussi largement la part des entraînements de votre vie nomade, libre de toute entrave, en révolte contre toute ingérence, et je sais fort bien que vous continuerez vos guerres de ghazous tant que vous ne serez pas devenus des fellahs (sujets laboureurs). La ghazou que vous rassemblez aujourd'hui n'est sans doute qu'une de ces représailles dont je parlais tout à l'heure. Mais le moment de l'entreprendre me paraît assez mal choisi. Vous n'ignorez pas, puisque moi, étranger, je le sais, que les Hessénéhs se sont mis sous la protection des Turcs, vos puissants voisins. En les attaquant maintenant, les Sbaà risquent de se créer des difficultés sérieuses au moment même où ils ont si grand besoin de la bienveillance des autorités de Homs et de Hamah pour écouler les produits de leurs troupeaux et renouveler leurs approvisionnements. »

Sur quoi Soliman reprend avec une extrême vivacité :

« Je n'ai rien à craindre à cet égard. Le gouvernement turc n'a aucun intérêt dans cette querelle. Mon intention n'est pas de disputer aux Hessénéhs les terrains de pâturage que le *Miri* (administration des domaines) leur a concédés. Il ne s'agit pas de rendre pillage pour pillage, il s'agit d'une vengeance personnelle que j'ai à tirer de leur scheik kébir, Férès ibn Méziad, l'infâme, le traître. D'ailleurs le nouveau gouverneur, Holou-Pacha, originaire de la tribu des Moâlis, maintenant soumise, et Bédouin comme nous, connaît nos usages et le respect dû à notre sainte loi de l'hospitalité : il sait que je ne peux pas laisser impunie la félonie de ce chien, fils de chien (*kelb, ibn kelb*), sans encourir le mépris de tous les Anézéhs, et il approuvera ma conduite. Au surplus, écoute-moi bien, et tu en jugeras.

« C'était à la fin de l'automne dernier. Les premières pluies annonçaient l'approche de l'hiver; j'avais déjà quitté le voisinage de l'Oronte et repris le chemin du sud avec mon douar. Un soir, Ibn Méziad, accompagné de deux de ses hommes, est venu me demander l'hospitalité. Il arrivait, disait-il, de Tadmor

(Palmyre) et regagnait ses tentes restées du côté de Homs. Nous étions amis; je le reçus sans défiance et le traitai comme un frère. Le lendemain, au point du jour, Ibn Méziad et ses hommes n'étaient plus là et mes deux juments favorites, superbes saklaouïs de haute race, renommées pour leurs qualités dans tout le désert, avaient disparu; leurs entraves avaient été limées. Le doute n'était plus permis. Profitant de la nuit sombre et de l'heure du plus profond sommeil de tous pour les faire sortir du camp sans bruit, ce misérable, un scheik kébir! un Anézéh! n'avait pas eu honte de me les voler, ayant encore mon pain dans le ventre. Il commit ce vol odieux avec une infernale habileté, assez tôt dans la nuit pour rendre toute poursuite inutile, assez tard dans la saison pour qu'il me fût impossible de rétrograder vers le nord. Ibn Méziad espère maintenant que sa soumission au gouvernement turc lui vaudra l'impunité. Il sait bien cependant que je saisirai la première occasion de me venger, et, n'osant pas m'affronter en plein désert, le lâche se tient prêt à se réfugier avec son douar derrière les villages de fellahs à la première nouvelle de mon approche.

« Mais il est trop tard, le hasard me le livre. Inchallah! l'heure de la punition va bientôt sonner. Ce matin, j'ai su par mes espions qu'Ibn Méziad, me croyant encore au loin dans le Chaher, est resté campé sur la rive droite de l'Oronte, non loin de Rastan, à quatorze heures de marche forcée d'ici. Aussitôt j'ai fait demander secrètement des renforts aux Sbaâ et alliés qui se trouvent dans notre voisinage. Ibn Hedeb et Aly Feguigui, dans la crainte de se créer des difficultés avec Holou-Pacha, ont refusé de prendre parti dans cette querelle, toute personnelle à moi et aux miens, mais dans laquelle l'honneur des autres Sbaâ n'est pas engagé. Ibn Moïnah seul m'accompagne avec quelques lances. Néanmoins j'ai pu réunir à la hâte une force de plus de 800 cavaliers et 200 mardoufs. C'est plus qu'il ne m'en faut pour écraser Ibn Méziad, qui ne dispose pas en ce moment au delà de 300 hommes en état de combattre.

« Cette nuit tous mes gens se rendront par

petits groupes à un rendez-vous donné pour demain matin dans une gorge profonde et bien cachée du Djebel Schoumriéh, où nous passerons la journée. La nuit suivante, nous nous porterons en avant de façon à tomber sur les Hessénéhs et à les surprendre au lever du soleil. Si, ignorant de mes mouvements, Ibn Méziad n'a pas encore passé sur l'autre rive du fleuve, toute résistance est inutile et ma vengeance est assurée. Je n'en veux pas à sa vie, il n'y a pas de sang entre nous, mais je veux le réduire à la misère, ne lui laisser ni cheval, ni chameau, ni mouton; j'enlèverai jusqu'à ses tentes.

« Maintenant, allons chez toi prendre le café et terminer, avant de nous séparer, les affaires que tu as à régler avec Ibn Moïnah et Aly Feguigui. Je les ai mis au courant de tes projets; ils sont prêts à t'assurer leur coopération aux conditions ordinaires des anciens pactes.

— Encore un mot, Soliman, lui dis-je en l'arrêtant par le bras. Prends garde d'indisposer le pacha pendant que la tribu est à portée de son sabre. Avant de te faire justice toi-même dans un moment aussi critique, pourquoi ne la demanderais-tu pas d'abord à lui, puisque, Moâli de naissance, il connaît aussi bien que toi les lois et usages du désert? Les faits sont de notoriété publique à Homs, où ce vol de juments m'a été raconté il y a un mois dans tous ses détails, seulement on ne m'a pas dit qui en avait été victime, on ne m'a nommé que le voleur. Ibn Méziad ne pouvant nier, le pacha ne saurait te refuser l'éclatante réparation à laquelle tu as droit. J'ai dû plusieurs fois m'adresser à la justice des fonctionnaires de la Porte, jamais elle ne m'a fait défaut.

— A toi je n'en doute pas, noble Frangi. Mais pour nous, pauvres Bédouins, il n'en est pas de même. Nous ne sommes pas payés pour y compter, on nous traite comme des parias, et moi, je n'y ai plus confiance, nous avons été trop souvent leurrés. Je tiens ma vengeance, le plus sûr est de ne pas manquer l'occasion. Si j'attendais qu'Ibn Méziad se fût mis en sûreté derrière l'Oronte ou dans le sérail, on trouverait mille prétextes pour gagner du temps, je ne le sais que trop, on me paierait de belles paroles et de fallacieuses promesses pour m'éconduire et je n'obtiendrais jamais rien. »

La ghazou partit dans la nuit. Nous serons sans nouvelles jusqu'à son retour.

CHAPITRE VI

Visite des femmes de la famille du scheik. — L'amour au désert. — La belle Aïschéh et le vaillant Djeddaân. — La loi du cousinage et le sort des femmes. — Une alerte et une caravane de colporteurs. — Lettres de Paris.

Je n'avais pas à me préoccuper de la sécurité du douar confié à ma garde, avant le lendemain matin. Les nomades du Schamiéh en expédition de pillage ou en guerre n'attaquent jamais pendant la nuit, ils attendent le lever du soleil. Profiter de l'obscurité et du sommeil des gens pour surprendre l'ennemi est considéré, au désert, comme action lâche et honteuse, ce qui explique pourquoi ces Bédouins, si vigilants pendant le jour, se gardent si mal (quand ils se gardent) après le coucher du soleil, se fiant à leurs chiens pour signaler les arrivants étrangers.

Au point du jour je fis une première reconnaissance des environs. Du haut des collines qui masquent le campement, on domine une grande étendue de pays peu couvert et légèrement ondulé; on ne pourrait aborder les coteaux sans se découvrir. Rien à l'horizon, la solitude est complète. Trois postes d'observation, situés à moins de 2 kilomètres et bien en vue de ma tente, sont occupés par mes meilleurs limiers, après être convenus d'un signal d'alarme. Dans ces conditions, nous sommes assurés contre toute surprise. Je rentrai chez moi pour m'y tenir en permanence et prêt à monter à cheval au premier avertissement.

Deux visites, dont une bien imprévue, devaient venir faire diversion à mon ennui et remplir agréablement quelques heures de cette première et longue journée d'attente et de soucis.

Tout d'abord, les femmes de la famille du cadi, scheik Douàn, après avoir obtenu son assentiment, se firent annoncer par mon interprète avec force excuses de leur indiscrétion grande, comme elle était en effet au désert surtout, où le préjugé met le sexe faible en dehors de la société ordinaire des hommes et le relègue au gynécée et à la cuisine. Mais elles avaient si grande envie de voir de près, dans son costume national, sous sa tente blanche et au milieu de ses meubles européens, ce Frangi venu d'au delà d'*el-bahr kébir* (la grande mer), qu'en vérité il eût été cruel de leur refuser cette facile et innocente satisfaction. Ces dames comptaient bien sur ma propre curiosité et savaient déjà que je ne partageais pas le préjugé oriental sur l'état social et familial des femmes. Elles avaient appris par une Européenne, très grande dame et riche, mariée à un petit scheik de la tribu du nom de Medjwel, lady Ellenborough [1], combien chez nous la situation et le sort des femmes diffèrent des leurs, et savaient le rang considéré et presque égal à celui du mari que l'épouse occupe dans la société chrétienne.

Ces femmes, au nombre de quatre, accompa-

---

[1]. Alors absente du douar, à mon grand regret.

gnées seulement de mon petit ami Aghil qui leur servait de contenance et de cornac, s'assirent humblement par terre à l'entrée de ma tente, sans vouloir pénétrer au delà, tant est profond leur respect pour le *mékaad rabbiaa*[1], dont l'usage leur interdit d'ailleurs l'accès. Elles paraissent relativement plus grandes que les hommes, mais leurs traits, moins réguliers, n'accusent pas autant le type caractéristique de la race arabe. La taille élancée et svelte, des bras superbes, des mains de duchesse, des pieds de Cendrillon avec des attaches très fines, la peau d'un blanc mat, la bouche un peu forte mais bien dessinée avec des dents d'une éclatante blancheur, le tout éclairé par les plus beaux yeux noirs qu'on puisse rêver, tant ils sont vifs, brillants, profonds; une abondante chevelure noire, tirant parfois sur le roux, qui pend en longues nattes tressées; la démarche pleine de souplesse et de grâce : tel est, d'après nature, le portrait de ces beautés du désert. Cet ensemble serait séduisant et

---

[1]. Appartement ou quartier des hommes.

plein de charme s'il n'était pas gâté, du moins pour nous autres Européens, par la coquetterie que ces dames mettent à défigurer leur joli visage par un vilain maquillage en bleu, et par des tatouages de même couleur aux avant-bras, aux mains, aux chevilles et aux pieds.

Le costume est des plus simples et fort léger : une chemise de toile de coton bleu, à manches très ouvertes, retenue à la taille par une ceinture de cuir; par-dessus, un *combaz* de même étoffe, parfois aux jours de fête en soie de Damas ou en drap rouge ou marron, comme celui des hommes; en hiver, la pelisse en peau de mouton remplace le *combaz*; pour coiffure, un très grand fichu de cotonnade commune ou une keffiéh plus riche (rouge pour les jeunes filles, noire pour celles qui ont renoncé à toute prétention), retenu sur la tête par un *akal*; elles vont les pieds nus, le plus souvent, et parfois chaussés de sandales. Des bijoux de verroterie chez les pauvres, d'argent chez les riches, complètent et agrémentent ce costume; les bijoux sont des bagues, bracelets, boucles d'oreilles et de narines, des colliers garnis de sequins en pendants, tous de fabrication grossière, mais d'un modèle souvent très original.

Après les saluts, les présentations d'usage et un échange de questions sur nos familles respectives, nos parents et nos enfants, la visite s'est passée à faire une revue complète de tous les objets gros et menus qui se trouvaient dans ma tente, à me questionner sur leur emploi et leur utilité.

L'insatiable curiosité de ces dames menaçait de prolonger outre mesure cette visite si contraire aux préceptes du Coran, scandaleuse pour tout bon musulman, mais les Anézéhs n'ont pas tant de scrupules, et leurs femmes, au désert, ne se voilent jamais. Enfin, le petit Aghil mit fin à la séance en leur disant avec la hauteur d'un héritier présomptif de la couronne : « Allons, vous autres, femmes, sortez d'ici; c'est honte à vous d'ennuyer l'Émir frangi si longtemps ».

Trois de ces femmes, les plus jeunes, sont mariées et mères de famille. La quatrième, Aïschéh, propre nièce du scheik Douàn le cadi, proche parente de Soliman et d'aussi bonne maison que ses compagnes, est encore fille quoique ayant dépassé l'âge ordinaire du mariage sous le climat de cette région où la nature est si précoce. Cependant elle leur est très supérieure par son intelligence, son caractère élevé et droit, la dignité de ses manières, la distinction de toute sa personne autant que par sa très grande beauté. Ses traits réguliers et fins, sa taille élevée pleine de grâce et d'élégance, la feraient remarquer partout. C'est la plus splendide créature de son sexe que j'aie rencontrée dans le désert; elle m'a rappelé, dans toute sa personne comme dans ses poses, les bronzes antiques de la meilleure époque grecque. Comment se fait-il qu'avec de tels avantages elle soit encore dans le célibat, car il est inadmissible qu'on ne l'ait pas très recherchée en mariage? Cela m'intrigue et je me demande s'il n'y aurait pas quelque roman sous jeu.

En rentrant d'une tournée d'inspection des avant-postes, j'ai trouvé Aly Feguigui qui, venu aux nouvelles et pour me tenir compagnie, m'attendait sous ma tente.

A propos de la visite que j'avais reçue quelques heures auparavant, la conversation ne tarda pas à venir sur l'état social des femmes dans les tribus. Ce qu'il m'en a dit, complétant ce que j'en savais déjà, mérite d'être rapporté.

Si les femmes chez les Anézéhs sont reléguées dans le méharrem à l'écart de la société des hommes, elles n'y sont pas si étroitement cloîtrées que celles de harems dans les villes et villages; elles tiennent dans la famille une place moins effacée, y jouissent de plus d'influence et de considération, ne sont pas assujetties à se voiler, se montrent et sortent à visage découvert. Les mères sont aimées et vénérées, toutes inspirent aux hommes des sentiments qui se rencontrent rarement dans les populations démoralisées des territoires soumis, la confiance, l'amour filial, le respect le plus absolu de tous, infiniment d'égards, même dans les conflits les plus sanglants entre tribus. La polygamie, permise à tout musulman, est très rare chez les Bédouins, non pas qu'ils y répugnent, mais la pluralité des femmes est pour eux un luxe trop onéreux; d'ailleurs elle augmente la famille, exige un surcroît de bagages et de bêtes de charge, qui est une gêne de plus et un fâcheux embarras dans les déplacements des douars, dont l'extrême mobilité et la rapidité des marches sont souvent la seule chance de salut. Les mœurs sont restées bonnes, l'esprit de famille et l'autorité paternelle se sont conservés entiers, intacts et dans toute leur force primitive chez ces descendants d'Ismaël, dont la race, si belle et si pure, a été préservée ainsi de l'affaiblissement, de la dissolution et de l'abâtardissement auxquels sont voués à l'avance la plupart des peuples polygames. Sans doute les Bédouins ont leur part de passions et de vices, mais ils ne sont pas dépravés; la prostitution est inconnue dans les tribus, les cas d'infidélité sont très rares. La chasteté étant de rigueur, les filles ne sont courtisées que pour le bon motif; nul ne dissimule ses sentiments, et les amours de chacun ne sont un mystère pour personne, car la tente est comme une lanterne, tout s'y voit et rien ne peut s'y cacher.

De l'état social de la femme au désert à

nommer la belle Aïschéh, la transition était aisée. Aly Feguigui ne fit aucune difficulté à me raconter son histoire.

« Aïschéh, me dit-il, est passionnément aimée par deux hommes, le brillant grand scheik Djeddaàn que tu connais et par son cousin germain Chantéri, le second fils du cadi, pour lequel elle n'a que du mépris et de l'aversion. Cet état de choses dure depuis plusieurs années, et si Aïschéh n'est pas devenue la femme de Djeddaàn, ce n'est pas faute du consentement de ses parents, mais parce que Chantéri s'est obstinément refusé à accorder le sien qui est indispensable. Une loi du désert, très rigoureuse, confère au cousin germain d'une fille un droit de préférence à sa main, droit exclusif dont il est libre d'user ou de ne pas user; cependant sa cousine n'est pas forcée de l'épouser, mais en aucun cas elle ne peut en épouser un autre tant que son cousin ne consent pas à renoncer à son droit. Cette loi du cousinage est aussi sacrée que celles que tu connais déjà.

« Chantéri est cependant fort joli garçon,

mais aussi lâche que paresseux. Jamais il n'a voulu prendre part à une action de guerre, ni même à une ghazou. C'est un efféminé qui craint le danger, la fatigue; il n'aime qu'à se parer de beaux habits et à se pavaner à l'ombre dans le désœuvrement, sans honte ni vergogne : autant de défauts qui font honnir et mépriser un homme par nos femmes, encore plus même peut-être que par nous. Son rival, au contraire, a toutes les qualités en honneur dans notre société nomade. L'aversion d'Aïschéh pour l'un et sa passion pour l'autre s'expliquent donc aisément : ces sentiments lui font honneur et lui ont valu les sympathies de tous, mais la loi est là, qui doit être respectée et obéie en dépit de toute considération.

« Djeddaàn a tout mis en œuvre pour obtenir de Chantéri l'abandon de son droit. Persuasion, flatteries, menaces, riches cadeaux, séduisantes promesses, rien n'a réussi. Chantéri sait bien qu'il est honni, méprisé, détesté. Mais le dépit, la jalousie et la haine ont avivé sa passion et ont prévalu sur son avidité et son amour du lucre, du luxe et de l'oisiveté.

Fort de son droit dont il se targue, il persiste dans un refus obstiné, espérant obtenir du temps et de la lassitude le consentement que lui refuse le légitime orgueil d'une noble fille dont le cœur appartient à un autre.

— Mais puisque les parents de la jeune fille consentent à son mariage avec Djeddaân et que toute la tribu a pris parti pour eux contre l'indigne Chantéri, pourquoi ne trancheraient-ils pas la difficulté par un enlèvement, qui mettrait fin à tout? Le fait accompli, le cousin serait bien obligé de baisser pavillon, vos lois n'ayant aucune sanction réelle.

— Ceci est vrai, sidi, mais il y en a une autre supérieure à tout acte de violence, plus puissante que la volonté d'un sultan. Cette sanction prend sa force dans l'opinion publique et dans la solidarité d'honneur et d'intérêts entre tous sans exception, qui est le fondement de la vie nomade et sa sauvegarde, et sans laquelle une effroyable anarchie régnerait dans le désert. Quiconque n'en respecte pas les lois et coutumes et n'accomplit pas les devoirs qu'elles lui imposent, commet une action déshonorante et honteuse, dont le scandale et les conséquences remontent de l'individu à sa famille, qui en accepte bien rarement la solidarité, et de la famille à la tribu qui ne l'accepte jamais. De là une double pression sur l'individu et une pression telle, qu'il se soumet le plus souvent, sinon il est forcé d'aller vivre dans une autre tribu, où il a fort à craindre d'être mal accueilli si elle a souci de sa réputation. Djeddaàn et Aïschéh ne voudraient à aucun prix se mettre dans une semblable situation. D'ailleurs un enlèvement n'aboutirait pas au mariage. Le consentement du cousin est ici encore plus nécessaire à la validité du mariage que celui des parents. Chantéri le refuserait toujours sans pitié; il y trouverait sa vengeance et Aïschéh ne serait jamais que la concubine de Djeddaàn, déshonneur auquel toute noble fille anézéh préfère la mort; pour sa famille ce serait un opprobre qu'elle ne pourrait pas laisser impuni, dût-il en résulter des conflits sanglants.

« Trop fière et trop supérieure pour se donner jamais à son odieux et misérable cousin, la belle Aïschéh, victime innocente et désespérée d'une loi inflexible, restera probablement toujours fille. »

5 mai. — Dans une reconnaissance que j'allai faire de mes avant-postes, deux de mes guetteurs me signalèrent quelque chose en mouvement qu'ils venaient d'apercevoir vaguement dans le lointain. Avec ma lorgnette je me rendis compte que c'était une caravane marchant en colonne et venant de notre côté; bientôt je pus faire le dénombrement de son effectif et de son personnel : une douzaine de chameaux lourdement chargés; une dizaine de chameliers ou auxiliaires à pied; un homme bien monté en tête qui paraissait le chef et trois autres cavaliers. Dès qu'elle fut arrivée au bas de la colline, à 300 mètres de nous, nous nous montrâmes et elle s'arrêta aussitôt. Comme il est d'usage au désert, dans ces rencontres fortuites, chaque parti envoie un parlementaire au-devant de l'autre pour s'expliquer ou échanger des nouvelles. Après un court entretien, mon émissaire revint à moi avec celui de cette caravane, qui appartenait à quelques-uns de ces marchands colporteurs trafiquant avec les nomades, et dont j'ai déjà eu occasion de parler. — Ils étaient, dit-il, partis de Hamah l'avant-veille pour se rendre chez les Aamour, dans le Djebel Abbiat, n'avaient encore rencontré personne, croyaient ne trouver les Sbaâ que beaucoup plus loin, et se montraient très étonnés de me voir ici. On était sans nouvelles de moi à Hamah depuis mon départ de Salamiéh. Leur chef avait dans ses bagages un paquet à mon adresse, contenant un pli pour moi et un pour Hadji Saïd, que notre consul, M. Bambino, lui avait confié avec recommandation de me le faire parvenir par une occasion, s'il ne me rencontrait pas aux environs de Palmyre, où il pourrait apprendre de quel côté j'aurais poursuivi mon voyage.

Je fis dire au chef de la caravane de continuer sa marche sans s'arrêter et de descendre à la tente du scheik Douàn où il me retrouverait; et, passablement ému, fort impatient, je partis au galop pour retourner au campement. Il fallait y annoncer au plus vite l'arrivée imminente de cette paisible caravane, afin de calmer ou prévenir les inquiétudes et les appréhensions de tout le peuple de la tribu.

Enfin j'avais en main mon précieux pli cacheté; il contenait tout un paquet de lettres de Beyrouth, de Paris, la plupart de ma famille, lettres qui me parvinrent ainsi, en plein désert, d'une façon aussi miraculeuse qu'inespérée. On peut se figurer ma joie et la bonne journée que j'ai passée.

Soliman et Ibn Moïnah sont rentrés ce soir au douar. Les autres cavaliers de la ghazou les suivent de loin et lentement, poussant devant eux le bétail enlevé aux Hessénés. L'expédition avait manqué son but. Prévenu à la dernière heure de l'attaque imminente des forces de Soliman par un de ses hommes qui en avait surpris le secret dans un douar pas trop éloigné où il se trouvait de passage, Ibn Méziad s'était enfui aussitôt à Hamah, avec son fils, de toute la vitesse des juments de Soliman, abandonnant sa tribu à elle-même. — A l'arrivée des Sbaà, les Hessénés finissaient de passer en toute hâte sur la rive opposée de l'Oronte, dont ils se préparaient à défendre l'unique, étroit et difficile gué. Ne voulant pas envenimer cette affaire entre Anézéhs, les Sbaâ n'essayèrent même pas de forcer ce passage et se retirèrent avec l'infime butin d'une douzaine de chameaux, de 4 000 moutons et de quelques tentes abandonnées dans la précipitation de la fuite.

Soliman, en noble et généreux chef qu'il est, a fait abandon à ses cavaliers de la part de prises qui lui revenait de droit. D'ailleurs il ne se montre pas trop contrarié de sa déconvenue, et, fataliste comme tous les musulmans, il me dit très gaiement : « C'était écrit, n'y pensons plus, je prendrai ma revanche une autre fois ».

Les eaux commençant à manquer ici, nous irons demain camper ailleurs. C'est là qu'après-demain matin je ferai mes adieux à mon excellent hôte et ami Soliman, pour me rendre chez le vieux Ferrès ibn Hedeb, qui m'attend dans son douar à une journée de marche plus loin. C'est le doyen des grands scheiks du désert; on le dit centenaire.

CHAPITRE VII

Chez Ferrès ibn Hedeb. — Arrivée d'un colonel turc en mission. — Rapports des scheiks avec les pachas. — Audiences sous la tente du scheik. — Le vol en deux espèces. — Un courrier des Feddaân et offres d'hospitalité. — Derniers adieux aux Sbaâ. — Retour à Hamah pour ravitailler ma caravane.

8 mai. — Après avoir pris le café avec Soliman et son entourage et nous être donné l'accolade des derniers adieux, je rejoignis ma caravane qui m'avait devancé. Je la trouvai arrêtée à cause d'un accident, le premier depuis mon départ de Damas. Un des hommes de service, désarçonné par son chameau, s'était cassé le bras droit au-dessus du poignet; ses camarades le lui avaient grossièrement bandé avec un mouchoir, insuffisant à maintenir les os à leur place normale. Il fallait au moins essayer de faire mieux. J'avais eu occasion d'assister à des opérations chirurgicales; un petit guide médical pratique offert par un docteur de mes amis, les ressources de ma pharmacie de voyage, des éclisses taillées dans une vieille boîte à dragées, me permirent d'y réussir avec l'assistance de Robert, mon interprète. Quelques semaines après, notre patient pouvait reprendre son service. — Ce n'était là que le commencement d'une série; je devais par la suite avoir trop souvent l'occasion de faire, tant bien que mal, œuvre de médecin malgré moi.

Dans l'après-midi j'arrivais au douar des Sbaâ de Ferrès ibn Hedeb et je plantais mes tentes à côté de celle de ce scheik. Il m'attendait pour souper chez lui avec le high-life de la tribu, — grand festin en tout semblable aux précédents chez Djeddaân et chez Soliman; je n'y reviendrai donc pas. Ferrès est un beau vieillard, plus que centenaire, très vert encore et sans infirmités. Sa physionomie est dure au premier abord, mais elle s'adoucit beaucoup quand il parle et surtout quand il joue avec ses petits-enfants qui l'adorent. Il n'occupe plus qu'à titre honorifique la position de scheik kébir, laquelle, à cause de son grand âge, a passé par élection à son neveu Madjoun, reconnu comme le plus apte à prendre la succession au pouvoir.

Dès le lendemain matin, cette tribu, beaucoup plus forte que celle de Soliman, plia bagage pour aller camper à quelques heures de marche plus au nord, où je la suivis.

L'événement de ce jour fut, dans la soirée, l'arrivée inattendue d'un colonel turc bien escorté, envoyé par son chef, Holou-Pacha, qui était campé avec son corps de troupes près de Salamiéh, à un jour et demi de marche. Il avait pour mission de porter à Madjoun l'acte officiel de son investiture comme scheik kébir de la tribu en remplacement du vieux Ferrès, démissionnaire en sa faveur, de l'inviter à venir en personne le voir à son camp et de lui remettre, comme sûreté, un *mouchoir de confiance* (sorte de sauf-conduit d'usage et toujours respecté). — Grand émoi dans la tribu, on s'agite, on s'inquiète, on appréhende quelque piège; la première pensée est de s'éloigner, de s'enfoncer dans le désert à l'abri de toute poursuite. Après plus mûre réflexion, envisageant la situation avec sang-froid, on se dit que si obéir peut sembler périlleux, il faut bien reconnaître que répondre par un refus serait dangereux et surtout funeste et nuisible aux intérêts des Sbaâ, qui n'ont encore ni écoulé tous leurs produits, ni renouvelé tous les approvisionnements dont ils ont le plus pressant besoin. Dans cette conjoncture délicate, Madjoun s'est montré, par son sang-froid, son jugement et son caractère, à la hauteur de son rôle de scheik kébir. Dès le lendemain il partait pour le camp du pacha avec six cavaliers de sa tribu, en compagnie du colonel. Il fut bien reçu, fort bien traité et revint quatre jours après, très satisfait de son entrevue et de ses négociations avec ce haut fonctionnaire.

C'est un exemple entre mille des rapports constants et forcés que les gouverneurs des provinces entretiennent avec les turbulents nomades des déserts voisins. Si les pachas sont parfois et avec raison obligés de les châtier quand ils peuvent les saisir, ils sont cependant tenus d'user avec eux de ménagements, d'une certaine tolérance en fermant les yeux à propos, de ne pas leur imposer des conditions trop dures, de ne rien faire en un mot qui les forcerait de s'éloigner pour se mettre en sûreté. L'intérêt du trésor public, corde très sensible, se trouve ici directement en jeu. Le trafic *très considérable* qui se fait entre les populations nomades des déserts et les places de commerce de l'intérieur est une source importante de recettes pour l'administration des douanes, qui occupe une place marquée dans le budget de l'État. Toute réduction de ce trafic aurait pour effet immédiat une diminution correspondante dans la perception des droits de douanes; il importe de le prévoir et de le prévenir par des encouragements et par des facilités données aux commerçants. Les Bédouins, de leur côté, pressés par la nécessité de ne pas compromettre leurs négociations, sont tenus de s'assagir, de s'incliner, de s'humilier souvent et d'affecter une soumission au moins momentanée. C'est une sorte de *modus vivendi*, fondé sur un échange de concessions mutuelles que l'usage a consacrées, chaque partie y trouvant son avantage.

J'ai recueilli la plupart de ces renseignements dans mes conversations avec le colonel, qui savait déjà, j'ignore comment, que j'étais en bons rapports avec Holou-Pacha, dont j'avais fait la connaissance à Damas. Il m'avait honoré de sa visite, par curiosité ou désœuvrement, et demandé de lui rendre un petit service, immédiatement consenti. La glace était rompue entre nous. En lui serrant la main au moment du départ je ne manquai pas de lui confier une lettre de simple politesse et de compliments pour le pacha, mais sans même nommer Madjoun, bien convaincu que, me sachant l'hôte de ce scheik, il l'accueillerait pour mon *khatir* (m'être agréable, me satisfaire) avec plus de bienveillance et de considération.

Pendant l'absence de Madjoun j'allais tous les jours passer quelques heures sous la tente de Ferrès. Il y venait beaucoup de monde pour prendre des nouvelles, apporter celles, plus ou moins fausses, recueillies des passants, pour demander conseil ou justice, solliciter quelque faveur. L'observateur trouve là, en prenant les choses sur le fait, l'occasion de bien étudier dans leurs moindres détails les mœurs, le caractère, les habitudes, les tendances et les préoccupations de la vie de ces Bédouins.

Parmi les assistants se trouvait un petit chef de famille de la tribu, venu pour soumettre au vieux scheik un cas de conscience. Quand son tour d'audience fut arrivé, il lui dit :

« Je suis très pauvre, tu le sais bien, Ferrès. J'ai éprouvé de grandes pertes et fait des dettes dont j'ai pu rembourser une partie avec le produit de la vente de tout ce qui n'était pas absolument indispensable à ma famille. Il ne me reste plus qu'un chameau pour le transport de ma tente avec son mobilier, un vieux *guidiche* (cheval hongre commun) sans valeur et quelques vivres, mais je dois encore 800 piastres (environ 200 francs)! — Je me trouve ainsi placé entre deux alternatives : ou, n'ayant pas de quoi rembourser cette somme, en rester à tout jamais le débiteur et perdre ainsi ma réputation d'honnête homme ; — ou de voler, pour me libérer, en me mettant en campagne avec mon fils à la recherche d'une occasion de dépouiller un voyageur ou d'enlever du bétail dans un campement. Que vaut-il mieux faire? Je te le demande. »

La réponse du doyen vénéré des grands scheiks du Schamiéh ne se fit pas attendre longtemps, la voici :

« Une dette est chose sacrée comme tout engagement. Quiconque y manque commet un acte honteux et dégradant, il est *noir* (honni, méprisé). — Va donc voler, mon fils, Allah te favorisera. »

Ne nous scandalisons pas trop. Au désert il y a vol et vol, distinguons :

Le vol à l'intérieur de la tribu, par un homme ou un hôte de cette tribu, qui *est un crime* puni avec la dernière rigueur;

Et *le vol à l'extérieur*, dans une tribu même amie ou ailleurs, qui *est permis*, tenu pour méritoire, de bon jeu et ne tombe pas sous le coup du code pénal du désert. Il s'agit, en l'espèce, du vol de nuit sans armes, pour lequel il faut être deux au moins, et qui ne va pas sans quelques risques; il exige de l'audace, beaucoup de flair, d'habileté et d'adresse pour réussir; chacun s'en vante et s'en fait gloire, toute la tribu y applaudit. Tant pis pour le volé s'il s'est mal gardé ou si ses chiens n'ont pas donné l'alarme. Par contre, malheur au voleur s'il est pris en flagrant délit : il sera mis presque à nu, étendu à terre sur le dos, garrotté, maintenu dans cette position les mains et les pieds attachés à des piquets, souvent battu et réduit comme nourriture à une portion très congrue, mais il n'a rien à craindre pour sa vie. On le gardera ainsi jusqu'au jour où il aura payé ou fait payer par sa famille une rançon en nature plus ou moins forte suivant son état de fortune.

Tels étaient à l'origine l'état social et la civilisation rudimentaire au désert, tels ils sont restés sans changements, sans progrès jusqu'à nos jours. Cette définition du vol en deux espèces s'est transmise de même, à l'état de principe incontesté, qui n'implique pas une absence de sens moral chez ces nomades et leur vaut au moins le bénéfice de circonstances atténuantes en considération de leurs réelles et très grandes qualités. D'ailleurs cette même appréciation des vols n'a-t-elle pas prévalu en fait chez nous, sous une autre forme peut-être, aux temps mérovingiens, même encore après? Soyons donc indulgents.

Mes négociations avec les Sbaà sont terminées. Il s'agit maintenant d'aller sans retard à la recherche des Feddaàn. Un courrier monté qui vient d'arriver chez le scheik en apporte des nouvelles fraîches. La fraction la plus avancée de cette grande tribu, sous la conduite de son scheik kébir Dehaàn ibn Gaïchiche, était campée près des puits de Djub-Gahnem, se dirigeant vers le Zôr (contrée fertile riveraine de l'Euphrate), pour se rapprocher de la petite ville de Dheir, son chef-lieu. La fraction commandée par Ibn Harrémis suivait la précédente de loin; les scheiks Ibn Ghébaïn et Ibn Ghafel, à la tête de la troisième fraction, plus en arrière, n'avaient pas encore dépassé Hith. Tous les Feddaàn étaient déjà informés de mes projets. Scheik Dehaàn, avisé de ma présence chez les Sbaà, me faisait savoir, de sa part et de celle d'Ibn Ghébaïn et d'Ibn

Ghafel, qu'ils attendaient ma visite et que je serais l'hôte bienvenu sous leurs tentes. Ibn Harémis, seul, voulant sans doute réserver sa liberté d'action, avait refusé de s'associer à cet acte de courtoisie.

C'est donc à Deihr qu'il faut aller tout d'abord au-devant de la tribu de Dehaân. Du lieu où nous sommes (35 kilomètres de Salamiéh) à cette ville, par le plus court, en ligne droite passant par Taïbé, il y a environ 320 kilomètres, qui ne se font pas sans les détours inévitables en plein désert, les incidents possibles, l'imprévu. C'est un voyage de onze à douze jours, auxquels il faut en ajouter six nécessaires pour envoyer à Hamah renouveler mes provisions de vivres presque épuisées et compléter mon stock d'articles de pacotille, qui servent de monnaie courante et dont il faut être amplement pourvu. Je ne pourrai donc pas être rendu à Dheir avant dix-sept ou dix-huit jours. Quand j'exposai ce plan aux deux scheiks de la tribu, réunis en conseil privé avec mes guides, il souleva bien des critiques et des objections, dont le vieux Ferrès se fit l'interprête le plus autorisé. « La saison, me dit-il, est déjà trop avancée (14 mai) pour suivre cet itinéraire. Les réservoirs d'eau de cette partie de la Basse-Palmyrène, sous ce rapport aussi déshéritée que le Grand Plateau du Schamiêh, sont maintenant épuisés; les rares sources intarissables qu'elle possède sont très éloignées les unes des autres, à 2, 3 et jusqu'à 4 jours de marche. Les tribus anézéh, qui occupaient jusqu'à présent toute cette région, ont dû se rapprocher de l'Euphrate, laissant le vide derrière elles et par conséquent le champ libre à de nombreuses et souvent fortes ghazous, de Choummars notamment, qui en profitent pour battre le pays. Néanmoins il est à la rigueur possible de faire passer ta caravane à travers ce désert actuellement dénudé et sans aucune ressource. A cet effet, il lui faudrait une très forte escorte de 70 à 80 cavaliers au moins et emmener une quinzaine de chameaux spécialement affectés au transport de l'eau nécessaire à abreuver une centaine d'hommes et 80 chevaux pendant trois jours consécutifs. Nous ne te refuserons pas notre concours si tu persistes dans ton projet, mais nous ne pouvons en assumer la responsabilité, il y a là trop de risques à courir et nous te supplions d'y renoncer. Tu peux te rendre à Dheir par un autre itinéraire, un peu plus long il est vrai, mais infiniment plus sûr. Tu y trouveras de l'eau partout, des chemins plus faciles, et avec ta caravane si légèrement chargée, tu arriveras aussi vite à destination, quoique contournant ainsi le désert au lieu de le traverser. Nous te conseillons de le prendre et tes guides t'approuveront, nous n'en doutons pas. Va donc d'abord te ravitailler à Hamah. De là tu te dirigeras sur Alep par le sultaniéh et, laissant cette ville sur ta gauche, tu gagneras la vallée de l'Euphrate à Meskénéh en ligne droite; de Meskénéh tu te rendras à Dheir tantôt par la vallée du fleuve, tantôt, pour tirer au plus court, par le plateau du désert. Les villages et les tribus de laboureurs demi-nomades, demi-sédentaires échelonnés le long de la rive droite du *Phrate*[1], te fourniront des ressources en

---

1. L'Euphrate.

vivres frais et en fourrages, au besoin tu y trouverais refuge et protection. »

Mes guides opinant de même avec insistance, je me décidai à suivre le conseil des deux scheiks.

Dès le lendemain je leur fis mes adieux et quittai la tribu pour me rendre directement à Hamah, par Salamiéh, en deux journées de marche, emmenant avec moi comme réfiegh des scheiks sbaâ un Bédouin de bonne maison, chargé de me faire reconnaître pour leur ami et protégé par les gens de cette tribu et par ses alliés, selon la loi du désert.

Pendant les vingt-quatre jours que j'ai passés chez ces Sbaâ, en rapports quotidiens et bientôt intimes avec leurs scheiks, je n'ai eu qu'à me louer de leurs bons procédés et de leur déférence envers moi, de l'empressement qu'ils mettaient à m'être utile ou agréable, de la confiance qu'ils m'ont bientôt témoignée; — jamais, même de la part des plus incultes, je n'ai eu à me plaindre d'un acte d'indiscrétion ou d'un manque de respect, ni même du moindre larcin, ce qui est plus extraordinaire. Aussi ai-je gardé de ce séjour le meilleur souvenir, je me plais à le dire à leur honneur.

Le 16 mai, dans l'après-midi, mes tentes étaient dressées sur la rive gauche de l'Oronte, à l'ombre d'un bouquet d'orangers, dans un jardin du faubourg de Hamah.

Des réparations à faire à mes tentes et au reste de mon matériel, des soins à donner aux bêtes de charge blessées, la nécessité d'en remplacer plusieurs, comme aussi de réformer une partie de mon personnel et de le mettre sur un meilleur pied ; quelques autres soucis encore, outre mon ravitaillement, me retinrent ici trois jours entiers avant d'être prêt à repartir.

DEUXIÈME PARTIE

L'EUPHRATE ET LA MÉSOPOTAMIE

ALEP ET ZÉFIRÉH

LA VALLÉE DE L'EUPHRATE ET LE SCHAMIÉH

LES RIVERAINS SÉDENTAIRES ET LES NOMADES

L'IRAK ET BAGDAD — LES CHOUMMARS

LE DÉSERT DE MÉSOPOTAMIE ENTRE MOSSOUL ET BIREDJIK

RETOUR A BEYROUTH

CHAPITRE I

Le sultaniéh. — Zéfiréh et le lac de Sabéha. — Alep. — Le consul, M. Bertrand. — Arrivée à l'Euphrate. — Meskénéh et les ruines de Bâlis.

Reparti de Hamah, le 20 mai, avec ma petite caravane renforcée, réorganisée, amplement approvisionnée, j'ai pris d'abord le sultaniéh d'Alep jusqu'à Khan Toumàn avant de me rejeter dans le désert.

Ce chemin public, très fréquenté, est bon, facile partout; les pentes et rampes sont faibles, les accidents de terrain peu accusés. Il côtoie d'abord la profonde et plantureuse vallée de l'Oronte, l'abandonne bientôt pour contourner l'extrémité d'une chaîne de collines parallèle à ce fleuve et monter sur le haut plateau, partiellement mamelonné, qu'il traverse presque en ligne droite dans sa plus grande longueur.

Du côté de l'est, ce plateau confine au grand désert voisin; à l'ouest, il s'étend jusqu'à l'Oronte dont le lit le sépare des hautes montagnes du pays des Anzariéhs, lesquelles courent sud-nord, comme la côte, jusque dans la grande boucle de ce fleuve en face de l'antique et célèbre Antioche.

La population agricole, relativement très dense, surtout entre l'Oronte et le sultaniéh, est répartie dans une jolie petite ville, Moarra, et dans de nombreux villages, tous entourés par une ceinture de superbes jardins, vergers ou maraîchers, au delà desquels s'étendent des terres arables en parfait état de culture. De grandes étendues de ce sol très fertile n'en restent pas moins à l'abandon ou en friches, couvertes de brousses et d'herbes adventices. Au printemps, des tribus nomades soumises, cantonnées en hiver dans le désert, Moalis, Messaliks, Hadédis, Hessénés et autres, viennent y faire paître leurs nombreux troupeaux. On voit alors leurs tentes groupées de tous côtés, souvent très près des maisons.

C'est une fort jolie contrée, très riante, aux

aspects sans cesse variés qui flattent et attirent l'œil, rompant ainsi la monotonie des longues traites. Tantôt le paysage est très borné par les mamelons et autres reliefs du sol entre lesquels on circule, — tantôt, par une échappée subite, la vue embrasse un immense horizon, fermé dans le lointain par les monts Anzariéh et plus au nord, en arrière d'Antioche, par la haute silhouette du Beylan, — en deçà, jusqu'au premier plan, se détachent, sur le vert foncé de la brousse, le vert plus tendre des jardins, le blanc de chaux des maisons à moitié cachées par les arbres, les ors blonds et fauves des blés presque en maturité; — et, en vedette, à une certaine distance, couronnant cet ensemble du haut d'une colline isolée, s'étalent les restes imposants de l'ancienne Apamée. — Ce panorama, éclairé par le soleil levant, dont les rayons reflétés passent, à mesure qu'il monte, par toutes les couleurs de l'arc-en-ciel, forme un spectacle d'une incomparable beauté.

Mais nous sommes ici sur des chemins battus, en territoires soumis, voisins du littoral méditerranéen et de populations sédentaires, urbaines et rurales, depuis longtemps en contact et en rapports d'affaires avec les colonies européennes d la côte et des villes de l'intérieur voisin. Toute cette partie de la Syrie entre Jaffa-Jérusalem et Alexandrette-Alep, explorée, par des savants depuis plus d'un siècle, fréquentée par les touristes, est maintenant bien connue. Les descriptions qui en ont été faites se trouvent dans des publications nombreuses, anciennes et modernes, auxquelles je n'aurais rien à ajouter. J'y renvoie donc le lecteur et je reviens à mon sujet.

Le 23 mai, en sortant de Khan Toumàn, nous quittons le sultaniéh et prenons, à travers le pays, la direction de l'est pour gagner, par Khan Hassan, le village de Zéfiréh, qui se trouve sur la ligne la plus directe et la plus courte d'Alep à l'Euphrate (environ 95 kilomètres).

A mesure que nous avançons, le terrain s'élève et se dénude. Devant nous, nous avons une chaîne de collines, projetée par le Djebel Aàs, qui ferme de ce côté le haut plateau que nous finissons de traverser. On y rencontre quelques villages, beaucoup de champs cultivés en céréales, mais dont la moisson a été faite, cette année, par les sauterelles, fléau de ces contrées; elles ont tout dévoré, épis et tiges jusqu'à ras du sol.

Du haut de la dernière colline de ce chaînon, on découvre un autre plateau, océan de brousse qui s'étend à perte de vue jusqu'à l'extrême horizon sans un relief apparent pour en rompre le lugubre aspect. C'est le désert qui nous sépare de l'Euphrate et que nous aurons à traverser. A nos pieds, dans un rayon d'une dizaine de kilomètres, le pays est plus riant : sur la droite, dominée par le Djebel Aâs, une très grande nappe d'eau, brillant comme de l'argent poli sous les reflets d'un soleil de feu, éclaire la montagne et les environs; on en est aveuglé. C'est le lac salant de Sabéha. Ses salins sont exploités par la population du petit village de Djéboul, situé sur ses bords; on en aperçoit un autre, Djefré, à quelques kilomètres à gauche, et en deçà, Zéfiréh, où nous allons camper. Ils sont ici à l'extrême limite des territoires soumis.

Zéfíréh, grande bourgade, dont les eaux d'une petite rivière voisine, élevées par de nombreuses norias, fertilisent les beaux jardins ainsi que les terres arables d'alentour, est le chef-lieu d'un district mixte. Il est couvert et protégé contre les déprédations des nomades par le joli village de Djefré, occupé par un fort détachement de bachi-bozouks avec leurs familles, colonie militaire d'Indiens musulmans expatriés.

D'après le scheik de Zéfíréh, qui, très aimablement, est venu se mettre à ma disposition, les nomades sont toujours au loin dans le sud; ni cavaliers suspects ni rôdeurs ne se sont encore montrés sur le plateau voisin, rien ne paraît donc devoir nous inquiéter.

Néanmoins, une partie de mes gens se montrent très agités, découragés, plus disposés à tourner les talons qu'à s'engager dans ce désert inconnu qui les terrifie. Hadji Saïd, aussi pusillanime que ses pareils des villes et des villages et toujours prêt à les soutenir, se fait auprès de moi l'interprète de leurs doléances ainsi que de leurs supplications. A l'en croire, il faudrait attendre ici une occasion de traverser le plateau avec d'autres voyageurs ou prendre une très forte escorte. — Sur ces entrefaites, Osman, mon guide, que la veille j'avais envoyé à Alep porter mes lettres à la poste et prendre des informations, nous revient avec une nouvelle bien faite pour calmer les défaillances et relever les courages : un détachement d'infanterie régulière est prêt à se rendre à Dheir par notre itinéraire pour renforcer la garnison de cette place; il passera dans deux jours, trois au plus, ici, où nous l'attendrons et voyagerons ensuite de conserve avec lui. C'est l'avis d'Osman. Cette perspective cependant ne me sourit guère. Si elle procure l'avantage d'empêcher toute désertion dans mon personnel, elle aura l'inconvénient de ralentir considérablement ma marche et de me faire perdre un temps précieux. Encore me faut-il avant tout obtenir du pacha militaire un ordre spécial pour l'officier commandant du détachement et des recommandations efficaces.

Mieux valait agir en personne que par écrit ou intermédiaires. Je partis alors pour Alep le lendemain de grand matin, accompagné par Robert et par Osman. M. Bertrand, notre consul, chez lequel je suis descendu en arrivant, m'a fait le plus gracieux accueil et m'a retenu à déjeuner. Bien au courant des choses et des nouvelles du pays, très apprécié des hauts fonctionnaires du vilayet dont il a l'oreille, j'ai pu obtenir en quelques heures, par son obligeante intervention, des *bouye-roultis* me permettant au besoin de réquisitionner des escortes. Il me procura en outre des lettres d'introduction auprès de toutes les autorités locales, civiles ou militaires que je trouverais sur mon chemin. M. Bertrand venait d'apprendre que le départ des troupes pour Dheir était ajourné à une date indéterminée et certainement lointaine. Il me fallait donc partir sans l'attendre, le pays jusqu'à Meskénéh étant encore à peu près sûr. Néanmoins M. Bertrand m'engageait, par surcroît de prudence, à faire la traversée du désert entre Zéfiréh et Meskénéh (70 à 75 kilomètres) d'une seule traite, dans une marche forcée de nuit sans bivouac ni arrêt. Avant de nous séparer, cet excellent et aimable homme ajouta : « En général et sans vous en départir jamais, surtout au désert, gardez entre vous et votre guide Osman seuls le secret de tous vos mouvements, afin qu'on vous suppose à gauche quand vous allez à droite, à droite quand vous prenez la gauche, en arrière quand vous êtes en avant : en un mot, qu'on vous croie toujours en dehors du chemin que vous suivez ou paraissez suivre ».

Rentré à ma tente pour l'heure du dîner auquel j'avais convié le scheik de Zéfiréh, son cadi et un autre gros turban de l'endroit, j'ai eu soin de leur exhiber mes bouyeroultis et de donner devant eux mes ordres de départ pour demain matin, comme si mon intention était de prendre une avance de quelques heures de marche sur le détachement de troupes et de l'attendre dans les jardins de Djefré sous la protection des bachi-bozouks et de leur chef Hadji Batrian.

Cette journée s'est passée à faire du *kief* à l'ombre des orangers de Djefré sur le bord d'un clair ruisseau. Faire du *kief*, bonheur des Orientaux, c'est passer le temps dans un *dolce far niente*, à sommeiller, rêver, jaser, flâner en fumant le narguilé ou des cigarettes entre des limonades et du café présenté cérémonieusement par un servant dans de microscopiques *findjâns* (très petites tasses sans anses, posées comme le serait un œuf dans un support de métal ou de porcelaine en forme de coquetier). Alors se présente à moi un grand nègre jeune et vigoureux pour demander l'hospitalité de ma caravane. Il est dépenaillé, très rudimentairement vêtu, sans sou ni maille, mais il porte la lance des nomades et monte un bon petit cheval qui n'a pour tout harnachement qu'un licol. Cet enfant du désert, esclave du scheik Feddaàn ibn Harrémis, attendait une occasion de voyager en compagnie pour rejoindre sa tribu. Son air résolu me le fait engager à mon service comme garde auxiliaire jusqu'à sa destination.

Pendant que mes gens s'occupent à préparer le repas du soir, Robert, muni d'un bouyeroulti, est allé chez Hadji Batrian réquisitionner une escorte de quatorze bachi-bozouks, commandés par son fils, laquelle devra rallier mon campement à l'*asser* (heure de la prière du soir avant le coucher du soleil). — Ces cavaliers furent exacts au rendez-vous. Alors seulement, démasquant mon jeu, je fis immédiatement plier bagages et mettre ma caravane en route pour Meskénéh, avec ordre de marcher en colonne serrée, Osman en tête, mes Bédouins sur les flancs, l'escorte derrière, et la consigne donnée à haute voix de maintenir tous mes hommes dans le rang et d'empêcher, au besoin par la force, toute tentative de désertion, mon unique souci en ce moment. On se le tint pour dit, personne n'osa broncher et tout alla comme de cire.

La traversée de ce plateau s'accomplit en treize heures de marche sans rencontrer âme qui vive, sans incidents, par une nuit fraîche, sur un terrain facile et plat d'où émergent seulement de loin en loin quelques petits tells que la lumière sidérale permet d'entrevoir. Nous descendons ensuite dans la vallée de l'Euphrate par un wadi des contreforts de calcaires gris du désert et nous plantons nos tentes près de celles d'une tribu soumise d'Arabes laboureurs occupés à moissonner leurs blés, au bord d'un petit bras du fleuve.

La vallée, resserrée de ce côté entre l'Euphrate et les contreforts du désert voisin, a peu de largeur, mais sur la rive gauche elle s'étend au loin jusqu'aux collines de la Mésopotamie qui la limitent. En amont comme en aval, le contraire se produit. Le cours d'eau prend une direction opposée, la vallée d'en deçà s'élargit au détriment de celle d'au delà, qui se trouve à son tour très rétrécie. Ces grands circuits ou arcs de cercle du cours si sinueux du fleuve ont des étendues variables dont la longueur de corde et la hauteur de flèche donnent la mesure ; ils se succèdent en sens contraires et à intervalles inégaux jusqu'en Babylonie.

De Meskénéh où nous sommes, le fond de la vallée se montre partout couvert de grands taillis plus ou moins fourrés et de nombreuses clairières chargées d'herbes bien drues, mélangées de graminées et de légumineuses, valant les meilleurs prés de Normandie. Cette végétation est d'une extraordinaire vigueur, quoique abandonnée à elle-même et entravée dans son développement par le parcours incessant des nombreux troupeaux des nomades soumis et insoumis. Si elle a pu résister victorieusement à une semblable cause de destruction, elle le doit à la profondeur du sol d'alluvion qui la nourrit et à sa prodigieuse fécondité annuellement entretenue par les limons fertilisants que déposent dans leur retraite les crues annuelles du fleuve. Cependant les grands arbres ont disparu presque en totalité. On n'en voit plus, mais de fort beaux, que dans les îles d'un accès difficile et dans certaines forêts.

Tel est, sauf de rares exceptions, l'aspect général de cette merveilleuse vallée depuis Biredjik dans le nord jusqu'à Hith dans le sud.

Parfois cependant, alors que les collines ou les contreforts des déserts limitrophes se projettent simultanément vers l'Euphrate comme pour se rejoindre et lui barrer passage, la vallée se trouve étranglée pour ainsi dire et réduite à une langue de terre étroite sur une rive ou sur l'autre. — Il en est ainsi à quelques kilomètres au delà de notre campement. Les collines de la Mésopotamie s'allongent vers le fleuve et s'en rapprochent beaucoup; sur la rive droite, en face, une haute falaise semble marquer l'entrée d'une gorge. Nous y passerons demain, elle est sur notre chemin. Des ruines de très vieilles constructions couvrent son sommet; au milieu de ces restes, une grande tour carrée, ornementée de sculptures, lézardée d'un côté, presque aussi étroite qu'un minaret, est encore debout. Ce sont, croit-on, les ruines de l'ancienne forteresse de Bâlis qui aurait commandé là un des rares gués de l'Euphrate. Les Arabes l'appellent Meskénéh.

Après le repas du matin chacun repose dans le sommeil pendant la chaleur du jour. — Quand vers quatre heures s'élève la brise fraîche du soir, Ibn Batrian vient me faire ses adieux et prendre mes lettres pour notre consul. Il veut partir tout de suite, afin de pouvoir être de retour à Djefré demain matin.

Sur le tard je reçois la visite du scheik de la tribu voisine, accompagné de quelques inférieurs qui vont l'attendre auprès de mes gens. Après une heure passée à échanger avec moi et avec Osman, présent à cet entretien, force compliments et propos sans intérêt, il se décide enfin à m'entretenir de choses plus sérieuses, objet principal de sa démarche. Son devoir, me dit ce gros sournois, l'oblige de me prévenir que tout danger pour nous n'est pas encore écarté et que d'ici nous aurons un jour et demi de marche à faire avant de sortir de la région suspecte : il faudra donc redoubler de vigilance et de précautions, ce dont je prends bonne note et le remercie en le reconduisant dehors. — Osman savait cela aussi bien que lui et ne s'en émut pas autrement, je l'avais deviné à sa manière de sourire pendant cet entretien.

Mais les subordonnés du scheik en ont raconté autant aux gens de ma suite en exagérant les faits, sans doute aussi avec intention. La peur grossissant les objets, une partie de mes serviteurs sont, paraît-il, à bas, épouvantés, car voilà Hadji Saïd qui se précipite chez moi, effaré, haletant, les bras en l'air, s'écriant :

« Seigneur, il faut absolument, pour la sûreté compromise, garder encore l'escorte d'Ibn Batrian!

— Impossible : Ibn Batrian, parti avec ses hommes depuis plus de deux heures, est déjà trop loin.

— Alors il ne nous reste plus qu'une ressource, c'est de passer sur l'autre rive de l'Euphrate.

— Mais nous ne trouverions pas les Feddaân dans le Djéziréh, pays des Choummars, leurs ennemis héréditaires. D'ailleurs comment passer le fleuve?

— Au moyen de radeaux improvisés que nos visiteurs m'ont offert de construire avec des outres.

— *Medjnoun*[1]*!* Toi, réputé si malin, tu te laisses rouler par de misérables fellahs! N'as-tu pas honte? La peur t'a, une fois encore, fait perdre la tête. Ces coquins ont exagéré le prétendu danger afin de nous retenir ici le plus longtemps possible et de nous faire payer très cher leurs services. Ils ont monté ce coup de connivence avec leur scheik, qui n'a pas osé, le vieux fourbe, me tenir le même langage et

---

1. Fou, idiot, naïf.

me faire cette offre par crainte de se compromettre. C'est clair comme le jour. Tais-toi et que personne, m'entends-tu? personne, pas plus toi que mes autres serviteurs, n'oublie votre vieux proverbe arabe : « Entendre, c'est obéir ». Maintenant, va te coucher. Le reste ne regarde que moi. »

Je ne me mets au lit qu'après m'être concerté avec mon fidèle Osman au sujet de ce que nous ferons demain et des mesures à prendre dans les conjonctures actuelles, car dorénavant nous serons loin de tout secours et nous ne devons plus compter que sur nous-mêmes et sur notre bonne étoile.

CHAPITRE II

Dans la vallée. — Heureuse rencontre de cavaliers feïdaân. — Ghazous de Chouminars. — Sur le plateau du Schamiéh. — Russâfa et sa légende. — Fausse direction, manque d'eau, marche de dix-sept heures.

28 mai. — Partis de Meskénéh à l'aube, nous passons bientôt au bas de la grande falaise de Bâlis, où la vallée devient de plus en plus étroite, et nous arrivons à l'Euphrate, que nous pouvons voir enfin d'une rive à l'autre, coulant paisiblement à plein bord sur une largeur d'environ 240 mètres.

Après avoir franchi un passage difficile et très long, resserré entre ses berges et le pied d'autres falaises, quelques Arabes soumis que nous rencontrons signalent, dans le pays devant nous, des cavaliers suspects paraissant venir de l'intérieur du désert. En effet, quelques kilo-

mètres plus loin nous en apercevons six, armés
de lances, suivant la crête des contreforts du
plateau en sens contraire de nous. A notre
vue ils s'arrêtent, nous observent un moment
et cherchent une ravine pour venir à nous.
Aussitôt je fais faire halte à ma caravane et
prendre position pour la défense.

Alors se passe une scène des plus comiques,
mais qui n'était pas faite pour me surprendre.
En un clin d'œil, Hadji Saïd et mes serviteurs,
en tout six, affolés par la peur, ont disparu,
cachés dans la brousse. Un seul, le plus poltron,
Tannous, mon fidèle *saïs*[1], ne m'a pas quitté. Il
est là derrière moi, avec mon cheval de main,
qui me tend des cartouches. Mes braves
Bédouins font face en bon ordre à mes côtés
avec Robert : dix hommes solides au poste,
résolus, sur lesquels je vais maintenant pouvoir désormais compter.

Cependant un de ces cavaliers, détaché en
parlementaire, s'élance au galop à notre rencontre, agitant son manteau en signe de bonnes

1. Palefrenier.

intentions. Ali, le nègre, envoyé au-devant de lui selon l'usage, me l'amène. Ce sont des Feddaàn de la tribu de Dehaàn, un des trois grands scheiks qui m'ont invité et offert l'hospitalité, tous hommes de qualité, ses cousins ou proches parents. Ils accompagnent son fils aîné Naïf, envoyé en mission à Alep, où il doit régler certaines affaires de la tribu avec le *vali* (gouverneur général) de la province; tous nous ont bientôt rejoints.

Après avoir échangé les premiers *marhabba*[1], nous faisons plus ample connaissance et scellons l'amitié dans une palabre en plein soleil avec café et cigarettes, pendant que mes fuyards, enfin rassurés, dressent nos tentes près du fleuve et apprêtent un copieux pilau de riz au mouton, pour le déjeuner auquel j'avais invité ces gentilshommes du désert.

La conversation ne chôma pas avec ces convives d'humeur causante et enjouée. Personne ne songea à faire la sieste, malgré l'excessive chaleur de la journée. La curiosité éveillée de

---

1. « Béni soit ce jour! »

part et d'autre, la nouveauté pour eux, l'intérêt pour moi aidant, nous avions trop de choses à dire. Naïf m'apprit que cette heureuse et providentielle rencontre n'était pas absolument fortuite. Son père, renseigné sur mon itinéraire par les Sbaà, lui avait donné l'ordre de se mettre à ma recherche, de me renouveler son invitation, s'il parvenait à me rencontrer, et de me donner un des hommes de sa suite pour m'accompagner à titre de refiegh de ses Feddaàn et alliés jusqu'à la fin de mon voyage.

A quatre heures du soir, avant de monter à cheval et de se remettre en route avec le reste de ses cavaliers, Naïf est venu prendre mon courrier, qu'il s'engagea à remettre lui-même entre les mains de notre consul; il me confia une lettre pour son père et me fit ses adieux.

La nécessité de ménager les forces de mes hommes et de mes bêtes, qui ne sont pas encore suffisamment remis des fatigues de l'avant-dernière nuit, me décide à coucher ici.

29 mai. — Après une traite matinale de cinq heures de marche à travers des taillis et de belles pâtures, sans nous écarter de l'Euphrate, nous nous arrêtons pour attendre la nuit.

Les hauteurs qui limitent la vallée prennent plus de relief. De tous côtés, comme les jours précédents, on aperçoit des ruines souvent importantes et couvrant une grande étendue de terrain. Les unes couronnent le sommet des collines, les autres gisent près des rives du fleuve. Il en est ainsi chaque jour de marche depuis Biredjik, en amont, où je devais revoir l'Euphrate plus tard à mon retour, jusqu'à Saklaouïéh en aval, échelle de Bagdad, sur une longueur fluviale de près de 1 100 kilomètres, d'après les cartes de Chesney. La plupart de ces innombrables restes des temps les plus reculés, en majorité, ne portent même plus de noms.

A notre gauche, sur la rive opposée, se détachent sur le ciel les superbes ruines de l'ancienne place forte de Djobar, au milieu desquelles se dresse un haut minaret à balcon construit en briques. Le fleuve passe ensuite devant des débris très étendus de constructions qui marqueraient, d'après Chesney, l'emplacement de l'antique Thapsaque, célèbre ville de la Palmyrène où Alexandre le Grand traversa l'Euphrate avec son armée, ce qui n'est pas d'accord avec d'autres auteurs qui placent Thapsaque à Dheir. — A notre droite se trouve une haute falaise remplie de grottes : sur son sommet on voit un minaret délabré et des débris de bâtiments sans architecture.

Dans la soirée nous nous remettons en route. La vallée se rétrécit de nouveau jusqu'à un autre passage très étroit entre des falaises et le fleuve, véritable coupe-gorge au bout duquel l'Euphrate tourne brusquement à gauche vers les collines lointaines de la Mésopotamie, d'où il revient ensuite au pied des contreforts du Schamiéh. C'est là que nous le retrouverons demain après une marche de nuit, concertée avec Osman, à travers le grand plateau voisin, totalement dépourvu d'eau en cette saison dans un rayon de vingt lieues, excepté à Russàfa où elle est abondante et ne tarit jamais. Cette aiguade est très fréquentée par les nombreuses ghazous de Choummars en expédition de pillage contre les Anézéhs et les voyageurs de passage. C'est bien là le danger que visaient les gens de Meskénéh et qui motive notre marche dans les ténèbres.

Au désert, dans les pays limitrophes, nomades et fellahs, tous parlent de Russàfa avec une superstitieuse admiration et un respect craintif, qui m'intriguaient et excitaient vivement ma curiosité. J'avais voulu, au prix d'un détour et du sacrifice d'une journée, aller voir ce lieu enchanté. Le danger très réel d'y faire une fâcheuse rencontre et de compromettre par une imprudence l'objet de ma mission, le refus formel d'Osman de me guider dans cette aventure me forcèrent de renoncer à ce projet, et je n'ai pas vu Russàfa!

D'après la description que les Arabes m'en ont faite *de visu*, c'est une ancienne citadelle avec un imposant donjon carré. Ses hautes murailles très épaisses, construites en pierres de taille, sa position isolée au sommet d'une éminence qui domine au loin tout ce plateau rocheux, aride et désolé, en devaient faire dans l'antiquité une place imprenable. Cette éminence est sans doute un de ces petits tells dont j'ai déjà parlé, puisque, en toute saison, on y trouve de l'eau. Ce monument, bien conservé, entièrement debout encore, n'a qu'une seule ouverture au dehors sur la face du donjon, sorte de poterne étroite, haut placée au-dessus du sol et qu'on ne pourrait atteindre qu'au moyen d'une longue échelle, engin encombrant et difficile à transporter dont nomades et voyageurs ne sont jamais pourvus. Il y a dans l'enceinte un puits intarissable, dit la légende, et une autre entrée secrète par un souterrain, dont l'ouverture au jour, cachée au fond d'une grotte ou au milieu de débris de rochers, n'a pas été retrouvée.

Enfin, c'est là que les anciens rois de Syrie auraient mis leurs trésors en sûreté à l'époque des grandes guerres d'invasion, sous la garde de génies protecteurs — à défaut de garnison. Les Arabes sont très superstitieux, comme tous les peuples primitifs; aucun d'eux, en eût-il le moyen, n'oserait se hasarder à l'intérieur de ce mystérieux édifice. Aucun Européen n'a jusqu'à présent visité Russàfa qui se trouve, il est vrai, fort à l'écart des itinéraires des caravanes, aucun du moins n'en a publié la description, que je sache.

30 mai. — Pendant la nuit nous avons passé à quatre lieues au large de ce lieu redouté. Au lever du soleil, arrivés à l'extrémité du plateau, la vallée s'étend devant nous, très large encore de ce côté. En face, sur la rive gauche de l'Euphrate en amont de son confluent avec le Bélik (ancien Bélès), on distingue très bien, tant l'atmosphère est limpide, l'importante ville de Rakka (ancienne Nicéphorium, fondée par Alexandre le Grand), avec sa citadelle, son minaret, ses établissements publics, nouvellement restaurés pour loger sa garnison, et les ruines d'un palais de Haroun-el-Raschid.

Mais il ne reste plus une goutte d'eau dans nos outres. Mes hommes, altérés par la marche et la chaleur d'une nuit sans la moindre brise, ont tout épuisé depuis longtemps. Il faut se hâter, car Osman n'espère pas atteindre le fleuve en moins de deux heures de marche.

Le wadi que nous prenons pour descendre dans la vallée est formé de marbre blanc du grain le plus beau, dont les bancs affleurent le sol par degrés successifs au milieu du sentier. Notre marche se poursuit au delà, à travers des taillis assez hauts. A huit heures, pas de fleuve encore et rien qui annonce ses approches; pas davantage une heure plus tard.

Nous sommes en route depuis quinze heures, dont une seule de repos au milieu de la nuit. Hommes et chevaux souffrent beaucoup de la soif, tous sont harassés. Notre marche se ralentit beaucoup, le bruit court parmi mes gens que nous sommes égarés, ils se désespèrent et la discipline se relâche. C'est en vain que je prodigue encouragements, menaces de sévir, affirmations que le fleuve est devant nous, à une distance incertaine, sans doute, mais qui ne saurait dépasser quelques heures de marche plus ou moins, et qu'un dernier et courageux effort nous y conduira. Les plus épuisés ou moins énergiques refusent d'avancer. Deux se couchent à l'ombre, enveloppés dans leurs manteaux : « Nous sommes condamnés à mourir de soif, disent-ils dans leur fatalisme musulman. *C'est écrit (par Allah), et ce qui est écrit doit arriver*, mieux vaut donc attendre la mort ici que de peiner davantage. » Un autre s'est déjà arrêté à quelques kilomètres en arrière. Je ne veux abandonner aucun de mes serviteurs en détresse. Le moment est venu de réagir avec fermeté, avec rigueur au besoin, et de faire un exemple. — Je donne immédiatement l'ordre de hisser et lier sur un chameau de charge les récalcitrants et d'aller chercher et me ramener, par deux Bédouins à dromadaire, celui resté en arrière. Puis, laissant à Robert, avec des instructions formelles, le soin de veiller sur la queue de ma colonne, je vais rejoindre Osman qui en mène la tête.

Il fumait stoïquement son chibouk de voyage au balancement régulier du pas de son dromadaire. Pour toute réponse à ma question : « Approchons-nous du fleuve? » il haussa les épaules en portant un bras en avant, accompagné d'un *Allah!* — Traduction : « Dieu seul le sait », et il reprit son chibouk avec le même flegme. Au bout de quelque temps, il me dit, en regardant ma monture :

« Sidi, ta jument sent l'eau.

— Plaisantes-tu ou la soif te fait-elle divaguer?

— Non pas. Au désert nous observons tout, car le moindre indice y a son importance. Regarde ta jument. Vois comme, malgré sa fatigue, elle allonge le pas, comme elle relève la tête, comme ses oreilles se redressent et ses narines se dilatent. Elle sent l'eau, te dis-je, et nous y conduira par le plus court chemin. Passe devant et laisse-la faire. »

Cette nouvelle passant de bouche en bouche se répandit bien vite d'un bout à l'autre de la colonne, rendant à tous la foi, le courage et l'énergie. — Une heure après, nous arrivions à un petit bras de l'Euphrate, en face d'une île boisée, et nous dressions là nos tentes pour déjeuner et faire reposer bêtes et gens exténués. Il était près de onze heures et nous avions franchi d'une seule traite environ 75 kilomètres.

Sur notre droite et devant nous, ce ne sont que reliefs du sol dernières déclivités, arides et pelées, des contreforts du désert très voisin, qui se projettent jusqu'au fleuve, dont elles forment les très hautes berges. C'est une vraie Thébaïde morne et silencieuse, où, en fait d'êtres vivants, nous n'avons eu connaissance que de quelques loups allant à l'abreuvoir.

31 mai. — Nous quittons sans regret ce lieu peu enchanteur pour faire à la fraîcheur du matin une très courte marche et nous donner ainsi encore presque une journée entière de repos avant de nous engager plus loin. Dorénavant nous ferons nos étapes pendant la nuit en deux marches coupées par un bivouac de quatre à cinq heures à la belle étoile, tous couchant par terre dans nos manteaux. On part vers six heures du soir, on arrive au gîte suivant le lendemain matin vers huit ou neuf heures, et on y campe pendant toute la journée dans le repos et dans le sommeil, en déshabillé sur un coucher de crin. Nous y sommes contraints maintenant par l'extrême chaleur du jour, qui devient de plus en plus intense à mesure que nous avançons dans le sud, que le soleil est plus haut et que l'altitude s'abaisse.

Après deux heures de marche, nous rencontrons des Arabes laboureurs, établis près du fleuve, qui nous conseillent de nous arrêter ici. Une ghazou de Choummars dirigée contre les Sbaâ est signalée dans les environs. Il serait prudent de la laisser passer avant d'aller plus loin au risque de la rencontrer. On n'est pas en vue dans ce coin retiré, verdoyant et frais. Il y fait bon et rien ne me presse, ce qui me décide à camper jusqu'au soir à côté des gourbis de ces bonnes gens, auxquels j'achète un mouton pour varier notre ordinaire et qui m'offrent du *cheninéh* délicieux (boisson très rafraîchissante et saine, faite de caillé battu mélangé à du petit-lait), mais refusent d'en être payés. Le cheninéh est l'aumône au voyageur, il se donne de bon cœur, mais ne se vend jamais. Cet usage se rattache à la sainte loi de l'hospitalité si en honneur au désert.

D'ici, le fleuve fait un nouveau circuit vers l'est, et coule en replis tortueux dans un pays très couvert, passe devant un coteau boisé au sommet duquel on aperçoit les ruines de l'ancienne ville d'Amràn, traverse ensuite dans toute sa longueur l'épaisse forêt de ce nom, repaire de lions, et rencontre au delà une chaîne de hautes collines, courant de Palmyre à l'ouest jusqu'au mont Sindjar en Mésopotamie, qui semble devoir l'arrêter dans sa course. « A travers cet obstacle l'Euphrate s'est frayé un passage d'une façon très remarquable. Sur ce point il fait un coude presque à angle droit et poursuit son cours dans un chenal étroit de 230 mètres de longueur entre des falaises de grès à pic, de 100 à 150 mètres de hauteur, tout comme aux précipices surplombants de Balbi (aux Indes). » J'emprunte cette description au récit de sa navigation sur ce fleuve du colonel Chesney. Il ne m'a pas été donné de voir ce pittoresque et grandiose paysage. Le chemin de ce côté est plus long et impraticable avec des bêtes de somme.

1er juin. — Notre marche de nuit, par monts et par vaux, s'est faite aisément et sans incidents. — En sortant de la chaîne de collines, le lendemain matin, la vallée s'étend à nos pieds, ici plus belle encore, plus plantureuse, surtout plus mouvementée et d'aspects plus variés qu'en amont. Osman me signale, dans le lointain, des ruines d'une éclatante blancheur sur la rive droite du fleuve, près d'un gué, à quelques kilomètres en aval du chenal. Ce sont les restes de Helébi ou Chelébi, anciens villages, entièrement construits en marbre, qui étaient autrefois la station principale d'une des grandes voies commerciales aboutissant à Palmyre.

A dix heures, notre campement était établi près de Tébéniéh, sur une plage de sable au bord d'un petit bras de l'Euphrate, dont les eaux tranquilles et limpides nous fournirent l'occasion de prendre enfin un bain aussi rafraîchissant que nécessaire à tous égards.

La population du village de Tébéniéh est une colonie de Kurdes ou de Turkmens. Elle se montre indiscrète, désagréable et grossière, finalement querelleuse et mal intentionnée. Son scheik ne vaut pas mieux, c'est le caractère de leur race. Pour m'en débarrasser et avoir le repos, il fallut la menace de les dénoncer au pacha de Dheir, dont nous ne sommes plus qu'à six heures de marche, et celle plus efficace de faire tirer à balle sur quiconque s'approcherait de mes tentes pendant la nuit à moins d'une portée de fusil.

2 juin. — Nous sommes partis à l'aube sans revoir aucun de ces bandits, et arrivés de bonne heure à Dheir où je m'installe avec ma suite, pour un court séjour, dans un jardin aux portes de la ville

CHAPITRE III

La ville de Dheir et sa garnison. — Le colonel Aly Bey
et les notables. — Chez les Feddaân.

Dheir est une très ancienne ville, bâtie sur une colline conique au bord de l'Euphrate, en face d'une grande île formée par un canal artificiel, creusé pour détourner le courant de la rive gauche du fleuve dont il affouillait les berges. Occupée par une assez forte garnison, sa situation au centre du Zôr, contrée réputée pour sa fertilité et la moins dépeuplée de la vallée qu'elle commande, en fait un poste stratégique important, très avancé en flèche entre les deux déserts et à égale distance environ d'Alep, de Damas, de Mardin et de Bagdad.

Cette ville est aussi une place d'entrepôt et

de commerce. Sa population, entièrement musulmane, est sans fanatisme aucun, active et industrieuse, généralement dans l'aisance, hospitalière et serviable. Elle fait, avec les fellahs des environs et avec les nomades des déserts voisins, beaucoup d'affaires et un trafic par échanges très prospère, de marchandises d'importation, de blés et farines, ainsi que de pâtes alimentaires, articles de sellerie et de ferronnerie, produits de l'industrie locale.

Après avoir fait annoncer ma visite au colonel Aly Bey, commandant de la place, je me rendis à son seraï, où il m'attendait entouré de notables de la ville et des principaux fonctionnaires civils et militaires. Il me reçut de la façon la plus flatteuse, la plus cordiale, et les assistants s'empressèrent de me souhaiter la bienvenue et de m'offrir leurs services.

Ces braves gens vinrent dans la soirée et le lendemain s'entretenir avec moi, ce qui remplit, non sans intérêt et utilité, ce dernier temps de mon séjour ici, pendant que mes gens étaient occupés à réparer les avaries majeures causées à nos tentes par un violent coup de simoun soufflant en tempête avec accompagnement d'orage et de pluie torrentielle qui, la veille au soir, avait passé sur le pays. Aly Bey vint aussi me serrer la main avant mon départ et me remettre un bouyeroulti m'accréditant auprès des fonctionnaires de sa circonscription.

4 juin. — Partis de grand matin, en route pour rallier, à quelques heures de marche plus loin, le campement du grand scheik Dehaàn ibn Gaichiche, de la principale fraction des Feddaàn, sous la conduite de son fils Fendi, venu à ma rencontre en compagnie d'un neveu d'Abdoul Messen, le puissant scheik des Amarats qui, retournant à sa tribu, fera le voyage avec moi. — Un grand festin en mon honneur nous attend, et parmi les convives je trouverai plusieurs scheiks du désert, hôtes de passage dans la tribu. L'heure approche, il faut hâter le pas.

Bientôt le douar est signalé par une quantité prodigieuse de chameaux et de chamelles avec leurs petits, au pacage à perte de vue de tous les côtés dans la vallée très large. Les appels des mères à leurs progénitures qui s'ébattent ou, affolées à notre vue, prennent la clef des champs; la débandade qui s'ensuit; les cris des chameliers à la poursuite des échappés; leurs efforts impuissants à rétablir un peu d'ordre dans ce grouillement de bêtes en désarroi, nous donnent le spectacle divertissant d'une scène pastorale de couleur locale aussi animée que burlesque.

Enfin nous arrivons à la tente de Dehaân qui, sur le seuil, me reçoit à bras ouverts comme un ancien ami impatiemment attendu. Ce vieux guerrier, plein de sève encore, aux allures militaires, a une physionomie ouverte, intelligente et franche qui attire et inspire confiance. Très avisé cependant, mais droit et équitable, allant au fait sans détours et sachant ce qu'il veut, il accepta, presque sans discussion, les conditions souscrites par les Sbaâ pour le renouvellement de l'ancien pacte du Schamiéh. Il m'assura que mes négociations seraient aussi courtoises et faciles avec Abou Zahra et avec Ibn Ghafel et Ghebaïn, ses amis, scheiks de deux autres fractions de la tribu.

« Mais, ajouta Dehâan, il n'en sera pas de même avec mon collègue le scheik Ibn Harrémis, homme avide, rapace, insatiable, envieux et retors, néanmoins incapable de violer nos lois sacrées du désert et esclave fidèle des engagements contractés. Voici pourquoi il a refusé de s'associer à nous quand nous t'avons offert l'hospitalité des Feddaàn. Ce scheik possède une part dans le pacte à renouveler et, sachant en conséquence que tu ne peux pas te dispenser d'aller le trouver à son douar, il y attend ta venue. C'est seul à seul avec toi, ou du moins en secret, qu'il entend traiter, dans l'espoir de te circonvenir et de t'arracher à notre insu des conditions exceptionnelles en sa faveur. A cet effet il soulèvera des difficultés à propos de tout, usera de tous les moyens d'arriver à son but : la ruse, le mensonge, l'essai d'intimidations, ira même jusqu'à des menaces. Ne t'en inquiète pas. Reste toujours froid, ferme, inébranlable dans tes refus, ne fais aucune concession, au besoin tu rompras les négociations. Alors tu le verras revenir à toi en suppliant, résigné à se soumettre aux conditions acceptées par nous tous. »

J'étais résolu d'avance à passer outre quand même, mais l'avis était bon et me mettait plus à l'aise.

5 juin. — Rien ne me retenant plus ici, nous partons pour Meyadin, toujours dans la vallée.

A la hauteur du village d'Abou-Chabour, que nous laissons sur la gauche, l'Euphrate reçoit son principal affluent de la rive opposée, le Chabour (ancien Chaboras), dont le cours est très long. Dans l'angle formé par son embouchure dans le fleuve, se trouve le grand village de Kerkisiéh, dit aussi Abou-Seraï (bâti sur les ruines de l'ancienne Circesium), que le terrain très boisé ne permet pas d'apercevoir du bas-fond où nous cheminons. Il est la résidence d'un caïmacam et possède une garnison.

Plus loin la vallée se rétrécit jusqu'à une passe assez large entre des falaises et le fleuve, laquelle aboutit au joli village de Meyadin, près duquel nos tentes sont dressées à l'ombre dans ses riants vergers.

Ici l'Euphrate, grossi par les eaux du Chabour, mesure environ 360 mètres de largeur. Sur la falaise voisine, les superbes ruines très bien conservées d'une ancienne citadelle du temps des Romains, avec ses tours crénelées, ses poternes et son réduit, dominent d'une hauteur de 100 mètres le pays des deux côtés du fleuve. A l'entour gisent, sur une grande étendue, des débris gigantesques, restes incontestables d'une florissante cité de l'antiquité.

Le scheik du village et celui de la grande tribu soumise des Agaïdates ici de passage, nous apportent des nouvelles. Trois caravanes parties de Bagdad ont passé à Anah, deux à destination d'Alep. La troisième, celle de Damas, informée déjà du bon accueil que m'ont fait les tribus anézéhs, a pris l'ancien itinéraire, plus court, par le Grand Désert de Damas et Palmyre. Ils ne savent rien d'Ibn Harrémis.

6 juin. — Nous passons devant l'ancien château fort de Rabaha qui se dresse sur notre droite, au sommet d'une falaise, flanqué de deux minarets en ruines, et, en six heures de marche, nous arrivons à Chouet, sur l'Euphrate.

Le scheik de ce petit village a des nouvelles toutes fraîches. Ibn Harrémis, accompagné de quelques cavaliers, est allé au-devant de la caravane pour Damas et l'a conduite jusqu'aux puits de Djub-Gahnem, non certainement sans s'être fait grassement payer. Son douar, envoyé en avant, est campé près du puits de Dékaïnéh, à cinq heures de marche dans le désert. Il doit y rentrer ce soir. Pour ne pas arriver les premiers, nous passons la nuit ici.

7 juin. — Soucieux, pour plus de sûreté, d'aller surprendre ce personnage cauteleux sans donner l'éveil et avant que notre présence dans son voisinage lui fût signalée, je partis de grand matin, accompagné seulement de mon guide Osman et de mon interprète, laissant en arrière ma caravane dont la marche était trop lente. Après avoir gagné le plateau du désert par un ravin formé de beau marbre veiné, nous mettions pied à terre sur le seuil de la tente d'Ibn Harrémis à six heures du matin, sans avoir rencontré personne en chemin. Ainsi je me trouvais sous son toit et devenu son hôte.

Il me croyait encore au loin. Surpris, stupéfait par cette arrivée à l'improviste, il restait debout, cloué sur place, glacial, contraint, l'œil dur, et tardant par trop à me rendre mon salut et à m'inviter à m'asseoir à côté de lui. Enfin, il prit son parti de remplir, quoique de mauvaise grâce, les devoirs qu'au désert l'hospitalité impose.

Ce scheik, qui paraît être âgé de trente-cinq ans, est petit et très maigre. Il a le corps sillonné de cicatrices et une balafre à travers le visage. Son regard toujours fuyant, son nez en bec d'oiseau de proie, ses lèvres minces et toute sa physionomie ne disent rien de bon. Concentré et taciturne, quand il parle c'est à mots couverts et jamais il ne se prononce catégoriquement ou sans réticences. — Les familiers de son entourage, encore plus dépenaillés que lui, ont presque tous des mines de sacripants et de bandits.

Dans nos négociations tout se passa comme Dehaàn l'avait prédit. Après deux jours de pourparlers sans fin, à bout de patience et de longanimité, je pris le parti extrême de plier bagages et de partir. Contrairement à mon attente (car je ne croyais pas encore à tant de platitude), Ibn Harrémis ne tarda pas à m'envoyer par un cavalier la prière instante de revenir sur mes pas — ce que je refusai, — ou du moins de m'arrêter sur place, avec l'assurance qu'il acceptait mes conditions sans plus les discuter. Et dans la soirée il vint signer les contrats chez moi.

Je croyais en être quitte et pouvoir dormir en paix, mais non. Vers une heure du matin, mon fidèle saïs, qui couche toujours en travers de la baie de ma tente, vint me réveiller. Le scheik demandait à me voir. Que voulait-il? Sans doute essayer encore de m'arracher quelque argent, je ne pouvais pas m'y tromper. Insinuant d'abord sous le prétexte de ses besoins et de sa détresse extrême, il devint bientôt plus pressant, et devant mon inébranlable refus il s'oublia jusqu'à des emportements de langage. Convaincu enfin que cette comédie manquait son effet, il se fit humble et se retira.

10 juin. — Malgré l'heure très matinale de notre départ, Ibn Harrémis est venu, sans rancune, me serrer la main et me souhaiter bon voyage.

La partie du désert que nous traversons est plate et aride. La descente dans la vallée se fait par une ravine, encore formée de marbre, mais d'un blanc pur cette fois. Nous campons près du petit village de Houèche, sur les bords de l'Euphrate.

11 juin. — Nous retrouvons le fleuve au village de Werdi, où les scheiks des deux dernières fractions des Feddaàn, Abou Zahra, Ibn Ghébaïn et Ibn Ghafel, avisés de notre approche, m'avaient fait donner rendez-vous.

Ils arrivèrent escortés par douze cavaliers, mais trop tard pour entamer nos négociations, qui durent être remises au lendemain; avec ceux-ci il fut aussi aisé de s'entendre qu'avec le scheik Dehaàn, leur doyen. Nous étions dans les meilleurs termes ensemble quand ils me quittèrent sur le tard pour retourner à leurs douars.

12 juin. — Départ. En aval de Werdi, le paysage change d'aspect, la vallée se rétrécit, le fleuve est plus encaissé, moins large qu'en amont, mais plus profond. Nous le laissons sur notre gauche et nous continuons notre marche au plus court, par des collines pierreuses, arides et incultes, au delà desquelles, de nouveau sur ses rives, nous reconnaissons, aux traces qui en restent encore, le lieu ordinaire de campement et de séjour des caravanes avant la rupture de leur pacte avec les tribus anézéhs du désert. Là, près du fleuve, se trouvent les restes d'un fortin avec donjon carré ; et, à 500 mètres en arrière, au sommet d'un mamelon, se dresse une haute tour au milieu de ruines qui paraissent être celles portées sur les cartes sous le nom d'Erzy. Plus loin nous campons à El-Kayim, où nous revoyons pour la troisième fois l'Euphrate dans cette journée. Le fleuve prend là de nouveau sa direction vers la Mésopotamie et poursuit sa course, sinueuse comme auparavant, jusqu'à Anah.

D'ici à cette ville on compte deux jours de marche. Cependant, en partant tantôt, vers quatre heures, nous pourrions y arriver demain matin par une marche forcée. Mes gens et mes bêtes ont eu à Werdi un jour et demi de repos, l'étape d'aujourd'hui a été très courte, mes malades ou éclopés vont sensiblement mieux, tous souffriront moins que par l'extrême chaleur du jour. C'est le parti que je prends.

Nous suivons tout d'abord les rives de l'Euphrate. Dans cette partie de la vallée comprise entre El-Kayim et Karablah en aval, les villages habités sont moins nombreux qu'ailleurs. Les norias que nous rencontrons sont presque toutes abandonnées ou en ruines. Le pays cependant est superbe et le sol très fertile. Nulle part encore nous n'avons vu autant de gibier et de fauves : perdrix et francolins, oiseaux d'eau, bandes de gazelles, hardes de sangliers, loups, hyènes.

14 juin. — Au matin, redescendus dans la vallée et après avoir dépassé Karablah, bientôt s'est montré devant nous, au sommet d'une colline de la rive gauche de l'Euphrate, le grand village fortifié de Rawah, dans sa large ceinture de palmiers, de jardins et de champs bien cultivés. Ensuite on aperçoit au loin, sur la rive droite, la forêt de hauts palmiers-dattiers, dont les longues branches feuillues et retombantes abritent les maisons d'Anah et la luxuriante végétation des jardins de sa ravissante oasis.

Le soleil était déjà haut sur l'horizon quand, deux heures après, nous faisions notre entrée dans la ville, accueillis par les *salamaleïkoum* [1] et les *marhabba* [2] de tous les passants.

Les tentes sont dressées sur une plage de sable entre la ville et la rive basse d'un petit bras de l'Euphrate, à côté d'une chute d'eau.

Nous y séjournerons le temps nécessaire à réparer nos avaries, surtout à faire aménager un grand cacolet couvert pour transporter, couchés et à l'abri du soleil, mes malades les plus atteints.

1. *Salamaleïk*, salut à toi! *Salamaleïkoum* au pluriel.
2. Bénie soit la journée!

CHAPITRE IV

Anah et son oasis. — Les chutes d'eau de l'Euphrate. — Encore une ghazou de Choummars; cavaliers débandés en fuite. — Égarés pendant la nuit dans un ravin. — Un campement d'Arabes laboureurs. — Ascension périlleuse au clair de lune. — Merveilleux panorama.

14 et 15 juin. — Anah, très ancienne ville, résidence d'un caïmacam, est bâtie sur une étroite langue de terre, entre la plage où mon campement est installé et de hautes falaises qui s'étendent au loin parallèlement au lit de l'Euphrate. Enserrée ainsi et dans l'impossibilité de s'étaler en largeur, elle s'est développée en longueur sur près de 12 kilomètres dans un chapelet ininterrompu de maisons et de jardins.

La chute d'eau qui barre en entier le petit bras peu profond du fleuve, en face de la ville, ne paraît pas causée par un relief naturel du fond, mais bien par les débris accumulés d'un très ancien pont, écroulé depuis longtemps, qui reliait la rive droite à la grande île d'en face et cette île à la rive gauche. C'est tout au moins présumable, car les fondations en pierres de taille d'une forte culée, à une extrémité de la chute, sont encore faciles à reconnaître, et, dans l'alignement même de celle-ci, deux piles décapitées émergent des eaux plus profondes de l'autre bras.

La population laborieuse et aisée d'Anah est entièrement musulmane. Elle se montre très polie, serviable et déférente; elle n'est jamais indiscrète ni incommode dans ses rapports avec nous et dans la manifestation de sa curiosité surexcitée par l'arrivée inattendue d'un voyageur européen. Aucun, à moins d'être déguisé sous des vêtements arabes, n'avait été revu depuis Chesney, trente ans auparavant.

A peine nos tentes étaient-elles dressées, que trois cents personnes de tout rang et de tout âge, se renouvelant sans cesse jusqu'au soir, faisaient, assises par terre à distance respectueuse, le cercle devant nos tentes grandes ouvertes à cause de la chaleur intense de la journée. Bientôt le caïmacam vint très empressé m'inviter à dîner chez lui et m'offrir pour le lendemain une partie de chasse au faucon, grande attraction à laquelle je dus renoncer, à cause des soins à donner à mes malades et de l'impérieuse nécessité d'abréger mon séjour afin d'arriver à Bagdad avant la canicule.

Quelques anciens, des notables et des négociants de la ville, survinrent ensuite chez moi dans la soirée et le jour suivant. Plusieurs avaient connu le lieutenant-colonel Chesney, dont ils avaient gardé le meilleur souvenir. Ils me parlèrent longuement de son exploration du cours de l'Euphrate avec deux petits steamers à faible tirant d'eau; du naufrage de l'un, dont on voit encore la carcasse sur un récif du chenal de Karablah, à deux heures de marche en amont; des obstacles matériels qui rendent la navigation très difficile, souvent impossible, sur cette grande et si importante voie fluviale. Dans la conversation avec ces braves gens, intelligents et très avisés, il y a beaucoup à apprendre et à retenir, mais non sans faire la part des exagérations, inconscientes et parfois intéressées, coutumières à leur race. En les interrogeant à propos, après les avoir écoutés avec patience et eu soin de contrôler les dires des uns par ceux des autres, on parvient à démêler la vérité de la fable, et on réussit à recueillir des renseignements exacts et précieux, quoique manquant souvent de précision dans les détails. Les sujets sur lesquels ces personnages reviennent le plus souvent sont ceux qui se rattachent directement ou indirectement à leurs intérêts, dont ils ont le plus grand souci. Ils en entretiennent avec ardeur quiconque leur paraît en état de les éclairer ou en situation de les servir. J'ai appris ainsi notamment, outre beaucoup d'autres choses, que les chutes bien connues dites d'Anah sont au nombre de trois ou quatre, et situées en aval de cette ville sur une longueur fluviale d'une trentaine de kilomètres. Après avoir complété et vérifié les renseignements obtenus ici et ailleurs, j'y reviendrai plus loin quand je devrai quitter les rives de l'Euphrate pour traverser l'Irak avant d'entrer à Bagdad.

Entre Anah et Hith, l'Euphrate poursuit sa course tortueuse dans un pays très fertile, entre des collines de formation crayeuse, en partie boisées jusqu'au Wadi Haouràn. On rencontre le long de ses rives un grand nombre de villages et des terres bien cultivées où les norias se comptent par centaines, ainsi qu'une infinité de ruines gisant près du fleuve, couronnant les hauteurs environnantes ou couvrant quelques îles comme Telbès en amont de Hadità.

Dans cette contrée les voyageurs seraient, dit-on, moins exposés à faire de fâcheuses rencontres que par ailleurs au désert. Je n'y ai qu'une médiocre confiance, car d'après les rapports de mes batteurs d'estrade, envoyés aux informations de l'autre côté du fleuve en Mésopotamie, une forte ghazou de Choummars était prête à se mettre en campagne contre une fraction des Anézéh-Amarats, campés en deçà de Hith où ils attendent ma venue prochaine. Je n'en suis pas moins résolu à passer outre dès demain. Nous ne marcherons plus guère que pendant la nuit, et les grandes haltes de jour pourront toujours se faire près d'un village et sous sa protection. Au surplus j'ai un Choummar parmi mes gardes, et Osman, comme tous les aghaïls guides en chef de caravanes, est en rapports d'amitié et de communauté d'intérêts avec quelques scheiks principaux de cette puissante tribu. Ceci suffit à me rassurer.

16 juin. — Nous nous remettons en route bien avant l'aube. Il n'y a pas un souffle d'air et dès que le soleil a paru au-dessus de l'horizon une chaleur lourde, plus intense encore que la veille, nous accable et ralentit notre marche. Mes hommes peinent beaucoup, bientôt plusieurs sont pris de vertige et deux malades en cacolet se sont évanouis. Il fallut bien s'arrêter et camper là. C'était près d'un gué du fleuve connu pour être fréquenté par les Choummars en expédition de pillage. La ghazou l'avait passé depuis moins de vingt-quatre heures, les empreintes nombreuses et fraîches laissées par les pieds des chevaux en faisaient foi.

17 juin. — Après avoir, sous cette même température, franchi des collines crayeuses, traversé le territoire étroit et long du grand village de Hadita et reconnu la grande île du même nom, nous passons la journée sur les bords du fleuve. En face se trouve le joli petit village d'El-Ouariéh, au milieu de jardins de palmiers, dont les grandes norias en mouvement nous envoient de leurs voix criardes le témoignage de l'activité et de l'industrie d'une population laborieuse et paisible.

Une brise fraîche du soir qui s'élève nous permettrait de faire après le souper une plus longue traite, mais un nouvel incident devait nous retarder cette fois encore.

18 juin. — Tout allait bien, nous avions pris au bivouac de nuit un long et réconfortant repos et nous suivions allègrement le chemin le plus court par le plateau, quand, au détour d'un mamelon, Osman fit arrêter tout à coup notre petite colonne; devant nous, au sommet d'un coteau boisé, s'avançaient trois cavaliers portant la lance des nomades. Ils paraissaient inquiets, hésitants, se rapprochaient de nous lentement et avec circonspection; mais soudain ils s'arrêtèrent dès qu'ils virent mon garde choummar aller à leur rencontre, seul et à pied. C'étaient des compatriotes de sa connaissance qui faisaient partie de la ghazou signalée. Celle-ci avait été repoussée et poursuivie à outrance par les forces supérieures des Amarats. Dans la précipitation de la fuite, les cavaliers choummars s'étaient dispersés de tous côtés sans pouvoir se rallier. Ceux-ci faisaient leur retraite, avec leurs chevaux épuisés, sur le gué près duquel nous nous étions arrêtés l'avant-veille, et, se trouvant à bout de provisions, venaient solliciter l'aumône d'un peu de pain, que je leur fis donner.

Sur ces entrefaites, mes serviteurs fellahs, atterrés par cette apparition et s'imaginant voir d'autres lances briller dans la brousse voisine, avaient commencé à se débander pour chercher refuge dans la vallée, les uns à pied, les autres avec les chameaux de charge qu'ils montaient. Je réussis non sans peine à les gagner de vitesse avec mes chevaux et mes dromadaires, et à les forcer de s'arrêter. Mais pour les rassurer et les entraîner à ma suite, je dus me résigner à changer de route, à regagner les rives du fleuve et à camper jusqu'au soir près du premier village en vue, Djubbé, bien avant l'heure ordinaire de la halte quotidienne.

Ici la vallée se rétrécit beaucoup de nouveau, les contreforts du désert s'allongent, se rapprochent davantage et sont plus escarpés.

C'est par là que nous poursuivons notre marche en avant. Après le coucher du soleil, nous étant engagés dans une ravine étroite pour remonter sur le plateau, des obstacles infranchissables dans les ténèbres de la nuit nous obligèrent à revenir sur nos pas et à chercher plus en aval une issue praticable. Les falaises grandissaient à mesure que nous avancions et ne laissaient plus qu'un étroit sentier entre leur pied et le fleuve.

Bientôt des aboiements de chiens nous signalèrent les approches d'un lieu habité, tentes ou maisons. C'était un douar d'Arabes laboureurs établi à l'ouverture d'une boucle de l'Euphrate, enclose, comme d'une gigantesque muraille, de falaises très hautes, avec des redans souvent à pic, des gorges abruptes, des failles, des précipices. Le scheik, venu en reconnaissance à notre rencontre avec des hommes sous les armes, s'offrit de nous conduire au sommet du plateau à travers ce dédale et de nous remettre dans notre chemin. La lune, encore dans son plein et déjà assez haute, permettait de faire, sans attendre le jour, cette pénible et inquiétante ascension, malgré les difficultés du sentier rocheux et étroit qui, parmi des éboulis, se déroule en une succession de lacets étagés, souvent en corniche, par lesquels on s'élève sur les flancs escarpés et vertigineux de ce contrefort échancré.

Du sommet élevé que nous atteignons sans encombre, on domine tout le pays d'alentour à l'est. Au bas des falaises, l'Euphrate décrit une ample courbe et poursuit sa course, paisible et lente, entre ses berges et les îlots de son lit. Par delà, sur sa rive opposée, la vallée, profonde et sombre sous son manteau de verdure, s'étend à perte de vue jusqu'aux collines peu boisées, aux tons plus clairs et dégradés, qui la bornent et qui se confondent ensuite dans l'extrême horizon, où elles se détachent en lignes moelleuses et indécises sur le bleu foncé du firmament de cette splendide nuit d'Orient. — La lumière réfléchie de la lune, si intense sous cette latitude, se mire pâle et laiteuse dans les eaux du fleuve. Elle permet de distinguer au loin, dans le vague, la silhouette d'une ruine, les maisons blanches d'un village, le sommet d'un tell ou les arêtes bizarres de quelques rochers isolés. A cette heure tardive, la brise est tombée, aucune vapeur ne trouble la limpidité de l'atmosphère, tout dans la nature se repose et se tait, le silence est absolu. Devant le spectacle grandiose, imposant de ce panorama nocturne d'une si merveilleuse, étrange et fantastique splendeur, personne n'ose élever la voix, tant est profonde l'impression qui retient chacun dans l'étonnement, l'admiration, l'extase.

Mais un appel d'Osman, qui nous presse de partir, vient rompre ce charme et nous nous remettons en route.

19 juin. — A la pointe du jour nous passons devant le village de Madruk et sa riante oasis. Remontant ensuite et pour la dernière fois sur le plateau du Schamiéh, en arrière duquel se trouve Hith, nous apercevons bientôt le haut minaret qui de loin signale l'approche de cette ville. Une heure après, nos tentes étaient installées à l'ombre, dans un des merveilleux jardins de palmiers qui l'entourent.

CHAPITRE V

Hith et ses sources de pétrole. — Les premiers Amarats. — Correspondance avec le scheik suprême de cette tribu, Abdoul Messen. — Passage du fleuve en bacs. — Dans l'Irak Arabi. — Toumadi et les Salgas. — Saklaouiéh.

La ville de Hith, avec son enceinte de hautes et fortes murailles (l'ancienne Is dont parle Hérodote), se dresse en amphithéâtre sur un mamelon rocheux de la rive droite de l'Euphrate. Elle doit son importance et sa prospérité au passage fréquent des caravanes qui circulent entre Bagdad, Alep, Damas et l'Arabie, ainsi qu'à son voisinage du gisement de célèbres et inépuisables sources minérales (bitume et pétrole).

Ces caravanes y font séjour pour trafiquer avec les habitants, compléter leurs vivres et chargements, attendre les voyageurs retardataires et passer le fleuve quand elles prennent la voie du Schamiéh. Les grands bacs qu'on emploie sont hauts sur l'eau; les bêtes de somme ne peuvent en franchir les bordages pour embarquer qu'après avoir été déchargées : trois manœuvres, au lieu d'une, qui compliquent et ralentissent beaucoup cette opération délicate, à la satisfaction et au plus grand profit des commerçants de la ville.

Les sources minérales sont situées à dix ou douze kilomètres au sud-est de Hith, près d'une petite chaîne de collines très basses, dans une sorte de vaste cuvette naturelle peu profonde, où ces huiles sourdent noirâtres de tous côtés et s'écoulent lentement à fleur du sol, laissant sur leur passage de grandes flaques, avant d'aller se perdre dans des bas-fonds ou se déverser dans le fleuve peu éloigné. Ce gisement si riche n'est exploité encore que par des procédés très primitifs et sur une petite échelle, pour en tirer du bitume, lequel est employé au calfatage des bacs et barques, à la conservation des bois de charpente et même à la construction des toitures en terrasses, générales dans la contrée. Cependant, on a commencé à en tirer de l'huile de pétrole, du moins à titre d'essai. Un échantillon très limpide m'en a été montré par un fonctionnaire turc en tournée qui le rapportait des sources pour l'offrir au gouverneur général du vilayet.

A partir de Hith, l'Euphrate coule dans une contrée très étendue et presque plate; ses circuits se font moins amples et moins fréquents; sa largeur décroît et ne dépasse plus 250 mètres. — Le niveau général du sol au-dessus de la mer s'est considérablement abaissé depuis Biredjik, en amont, à l'altitude de 192 mètres, jusqu'ici. Dans le Schamiéh, les ondulations du plateau s'étalent moins profondes, les reliefs se montrent plus rares et moins saillants; — sur la rive gauche du fleuve, les collines du Djéziréh s'allongent de plus en plus basses vers leur déclin final.

Il ne me reste plus à traiter qu'avec les Amarats et leurs alliés les Salgas et les Salatines. Les nombreux douars de ces tribus sont échelonnés le long de la rive droite de l'Euphrate, depuis le village de Toumadi, à cinq heures de marche en aval, jusque bien au delà de Saklaouiéh; celui d'Abdoul Messen, fort en arrière, est encore entre Kerbéla et Hillah, où se trouvent les ruines de Babylone.

Dans la soirée, Hussein ibn Heddal, du douar le plus voisin, prévenu de mon arrivée par son nègre, envoyé à ma recherche, est venu me trouver à mon campement. Il était chargé de traiter avec moi pour tous les Amarats possesseurs de parts dans le pacte du Désert, aux conditions acceptées et souscrites par les Feddaàn et les Sbaà. Ainsi d'accord et sans sujets de discussion, il ne restait plus qu'à faire homologuer les contrats par Abdoul Messen, auquel ils furent envoyés sur-le-champ par un courrier à dromadaire, qui me rapportera ces pièces régularisées à Saklaouiéh, où je serai dans quatre à cinq jours.

21 juin. — Après avoir opéré en bacs le passage de ma caravane sur la rive gauche de l'Euphrate, en Mésopotamie, nous prenons la voie du sultaniéh, simple sentier battu à côté du fleuve, dont il ne s'éloigne jusqu'à Sa-

Iaouiéh que pour en éviter les boucles. C'est toujours le désert comme dans le Schamiéh; l'aspect général, la flore, la brousse sont les mêmes partout où la terre n'a pas été défrichée.

Les derniers contreforts des collines qui bornent encore la vallée, marquent, à la hauteur des villages de Toumadi et de Faârra par le 33° 1/2 parallèle, la limite où finit la Mésopotamie supérieure et où commence l'Irak Arabi (anciennes Babylonie et Chaldée).

Cette célèbre contrée, qui s'étend en longueur jusqu'au golfe Persique sous le 30° parallèle, est entièrement formée par les alluvions de l'Euphrate et du Tigre. Ces deux grands fleuves l'embrassent jusqu'à Kornéh, où ils se réunissent et se confondent dans un même lit sous le nom de Chott el-Arab, lequel la traverse ensuite jusqu'à la mer. Leurs eaux grossissent périodiquement tous les ans et inondent les parties les plus basses de cette immense plaine. Dans l'antiquité, ces arrosements naturels, retenus par des digues, captés dans de vastes réservoirs, distribués ensuite avec art par de grands réseaux de canalisation, avaient fait de cette terre bénie le jardin de l'Asie. Que reste-t-il de ces admirables travaux? — Quelques canaux encore utilisés. Les autres ouvrages, à l'abandon depuis des siècles, mais dont on retrouve partout la trace, sont maintenant ou à peu près comblés, ou à l'état de marécages.

Ce pays sans accidents de terrain, sans reliefs, presque uni, manque totalement d'arbres autres que les palmiers. Ceux-ci se trouvent partout autour des villages à proximité de l'eau et sont particulièrement nombreux dans le sud, en Chaldée, où ils forment de grandes forêts, une des richesses de cette région. Dans la saison torride, cette plaine, quand on s'éloigne du bord des fleuves, a l'aspect d'une lande aride clairsemée de broussailles basses; — en hiver, après les premières pluies d'automne qui rendent la vie aux herbes desséchées et disparues, c'est une immense prairie riante et verte, émaillée de fleurs.

Des deux côtés de l'Euphrate les villages se succèdent. Au delà de Toumadi dans le Schamiéh, les tentes noires des nomades sont dressées sur une seule ligne près de la rive du fleuve; tout autour paissent leurs troupeaux de chameaux et de moutons.

Bientôt la rencontre d'une grande caravane est venue faire diversion à la monotonie de notre marche somnolente dans cette plaine uniforme et désolée où rien n'attire et ne repose les yeux, où rien ne réveille l'intérêt. Cette caravane s'avance en bon ordre, par sections et pelotons, sous la conduite de chefs chameliers aghaïls, compatriotes et amis de mon guide Osman. Elle est forte de 900 chameaux, chargés de laines et de produits de Bagdad et de la Perse, à destination d'Alep et d'Alexandrette.

Selon l'usage, on s'arrête de part et d'autre, on met pied à terre, un cercle se forme et la conversation s'engage. Ces scheiks chameliers avaient appris déjà que la caravane en route pour Damas était arrivée à destination sans incidents fâcheux et sans difficultés, mais ils ignoraient encore si j'avais aussi bien réussi dans mes négociations avec les Amarats qu'avec les autres Anézéhs et en étaient très préoccupés. J'eus la très grande satisfaction de pouvoir leur apprendre que c'était affaire faite et que la paix se trouvait ainsi définitivement conclue, l'adhésion des faibles Salgas aux conditions acceptées par les Amarats, dont ils relèvent, ne pouvant être mise en question.

23 juin. — Marché pendant quatre heures sur de riches terres d'alluvion bien cultivées qui s'étendent en grande largeur au bord de l'Euphrate, avant d'atteindre notre grande halte, au faubourg de Toumadi, qui n'est qu'un amas de masures, de tentes et de gourbis, disséminés sur la rive gauche de l'Euphrate. En face sur la rive opposée, ce très grand village, résidence d'un caïmacam, se distingue des autres par sa citadelle et son mur d'enceinte crénelé, construits en briques crues, ainsi d'ailleurs que la plupart des maisons et des édifices dans l'Irak, où la pierre à bâtir fait absolument défaut.

Les scheiks des Salgas et des Salatines, prévenus que je les attends, sont arrivés à mon campement, accompagnés des autres ayants droit de leurs tribus aux avantages du *khouéh* du désert. Ils sont douze, tous de petites tentes, copropriétaires de deux parts seulement dans cette association. Depuis trois mois que j'ai vécu au milieu des Anézéhs et presque dans l'intimité de leurs scheiks, ce cas ne s'était pas encore présenté et je n'avais pas eu occasion de me renseigner sur les us et coutumes qui régissent au désert cette sorte de copropriété. Voici ce que j'en viens d'apprendre.

Les parts dans les khouéhs n'appartiennent pas toutes à des scheiks de grandes tentes ou aux plus puissants. Des scheiks de petites tentes en possèdent également. Elles sont indivisibles, réputées propriétés légitimes de temps immémorial par tous les nomades du désert et, comme telles, transmissibles par héritage de père en fils, par vente, donation, et même prescriptibles. A l'ouverture d'une succession, s'il y a plusieurs héritiers pour une seule et même part, celle-ci reste indivise entre eux au prorata de leurs droits respectifs, qui peuvent n'être pas égaux, et ils s'en répartissent dans cette mesure les charges et les profits, source fréquente de discussions et de querelles dans les familles.

Après une bruyante et interminable séance où ces Bédouins, en désaccord entre eux, se sont disputés avec âpreté au sujet des attributions de chacun, sans aboutir à rien, les contrats entre nous furent cependant signés aux conditions des précédents et je pus me remettre en route.

25 juin. — Campé de bonne heure au bord de l'Euphrate, près d'un poste de bachi-bozouks et de l'ancien grand canal de jonction de ce fleuve avec le Tigre en aval de Bagdad par la ligne la plus courte, le canal de Saklaouiéh, maintenant presque entièrement comblé. Un peu plus bas se trouve le petit village de ce nom, protégé à quelques kilomètres au delà par le château fort moderne de Féloudja.

Le courrier de Hussein est déjà là qui m'apporte les contrats homologués et une lettre très courtoise d'Abdoul Messen. Ce noble et puissant scheik insiste pour que je me rende directement et sans retard à Bagdad, où nous devrons passer dans le repos les deux mois de la canicule, après laquelle nous pourrons nous voir, soit dans cette ville, soit à son douar. Pendant cette saison on ne voyage plus ici.

Alors, en effet, la chaleur est extrême sous ce climat, surtout dans cette plaine sans ombrages et dont l'altitude est très faible. Les plus hardis voyageurs n'osent pas l'affronter avant l'apparition dans le ciel de l'étoile de Sohéyl (Canopus), à la fin d'août ou au commencement de septembre sous cette latitude, tant sont redoutables et trop souvent mortels les transports au cerveau et les insolations. Nous nous trouvons sous la ligne isotherme, une des plus torrides de notre globe, qui, partant du Sahara africain, passe par la mer Rouge, Djedda, le Nedj, l'Irak, Bagdad et Bombay. Quand viennent à souffler les vents de ces déserts, sous les noms de *sirocco* ou de *simoun*, de *kamsin* en Syrie, de *samiel* où nous sommes, la température s'élève subitement très haut, et atteint sous mes tentes 40° à 45° centigrades à minuit. — Pendant le jour, les rayons d'un soleil de feu tamisent à travers les toiles en double de la toiture des tentes, notre seul abri. On n'y peut tenir et prendre quelque repos qu'à condition de s'envelopper la tête d'un épais turban et d'entretenir une fraîcheur très relative par de fréquents arrosages.

Nous partirons ce soir pour Bagdad et nous ferons pendant la nuit cette longue traite de 60 kilomètres environ. J'ai prévenu de mon arrivée pour demain matin mon ami M. Peretié, chancelier de notre consulat, par un courrier expédié hier.

CHAPITRE VI

Le bassin de l'Euphrate entre Biredjik et Saklaouiéh. — Produits du sol, richesses minérales. — Navigabilité du fleuve. — Situation et avenir des populations riveraines. — Traversée de l'Irak. — La tour d'Akarkouf. — Le Tigre. — Arrivée à Bagdad.

Avant de quitter les rives de l'Euphrate, qui tient une si grande place dans ce récit, il n'est pas sans intérêt de résumer ici tout ce que j'ai vu et reconnu par moi-même, tout ce que j'ai appris par les riverains ainsi que par des personnages autorisés, notables ou techniciens connaissant le pays à fond, au sujet du bassin de ce fleuve, du régime de ses eaux et de sa navigabilité, de l'état actuel des choses dans sa vallée par rapport au passé.

Au temps de la splendeur et de la toute-puissance du vaste Empire de Babylone, il y a vingt-cinq siècles, la population de la Chaldée et de la vallée de l'Euphrate était nombreuse et très dense. L'agriculture et l'industrie prospéraient et le commerce, très actif, faisait avec l'Inde, la Perse, l'Arménie, la Syrie un trafic énorme de marchandises. Les produits de l'Arménie, ses vins notamment, à destination de Babylone, s'expédiaient par la voie fluviale de l'Euphrate et le flottage à la descente.

Voici comment Hérodote, qui parcourut la Babylonie vers le milieu du v° siècle avant l'ère chrétienne, décrit ce système de navigation :

« Toutes les embarcations employées à descendre le fleuve jusqu'à Babylone sont de forme ronde et construites en cuir. La coque est faite avec des branches de saule que l'on coupe en Arménie, et l'on étend sur ces branches des peaux qui forment le fond du navire et sa couverture extérieure. Comme on n'y fait aucune distinction entre la poupe et la proue, qui n'est pas, selon l'usage, terminée en pointe, le tout a la forme d'un bouclier parfaitement rond. Ces navires sont chargés de marchandises recouvertes avec de la paille qui remplit les vides, et sont dirigés avec deux rames par deux hommes debout. Ils sont de diverses grandeurs ; les plus considérables peuvent porter jusqu'à mille talents [1]. Dans chacune de ces barques on charge un âne et même plusieurs selon le tonnage. Lorsque les conducteurs sont arrivés à destination et ont déchargé leurs marchandises, ils vendent la carcasse en bois de la barque et la paille ; ensuite ils chargent sur leurs ânes les peaux qui peuvent resservir, et retournent en Arménie par la voie de terre [2]. »

Avec des embarcations ainsi construites et de forme si barbare, il était impossible, en effet, de refouler le courant, cependant peu rapide, du fleuve et d'évoluer entre ses nombreuses îles.

Actuellement, et cela date de bien loin, la population de la vallée est considérablement réduite et très clairsemée. Faute de dénombrements, qui ne se font pas ou fort incomplets

---

1. Le talent d'or de l'Attique pèse environ 26 kilos. Mille talents représenteraient donc 26 tonnes de 1 000 kilos.
2. Hérodote, liv. I, § cxciv, traduction Miot.

en Orient, le chiffre n'en est pas connu. Toutefois, si on l'évalue approximativement comme étant tout au plus du septième ou huitième de ce qu'il était au temps jadis, on sera bien près, mais plutôt au-dessus, de la vérité, — du moins dans la partie comprise entre Biredjik et Saklaouiéh.

Ce qui le corrobore, c'est que, conséquence fatale, la superficie des terres en culture dans la vallée, moins difficile à apprécier, paraît inférieure à celle d'autrefois dans une proportion à peu près correspondante, quoique un peu moindre.

Au point de vue des transports, la navigation sur le fleuve n'existe plus, pas même par le flottage. Si on voit encore quelques-unes de ces barques rondes en forme de cuvette, décrites par Hérodote, et il n'y en a pas d'autres, elles ne servent guère aux habitants qu'à passer dans les îles ou d'une rive à l'autre de l'Euphrate, car il n'y a de bacs qu'à Biredjik et Hith dans cette partie de son cours.

La situation si précaire et si lamentable de la population de la vallée a pour causes principales l'insécurité dans laquelle elle vit loin de tout secours, sans protection efficace, et la très grande difficulté des communications avec leurs longueurs et leurs dangers.

Malgré tout, la vallée de l'Euphrate n'a rien perdu de son prestige et de son attrait sur les fellahs laboureurs des pays environnants et sur les immigrants cantonnés en territoires soumis sur des terres moins généreuses. Tous la convoitent comme un Éden. Cette tendance se révèle par des signes certains. La population rurale est en augmentation progressive, constante et bien marquée autour des localités principales où il y a une force armée en état de protéger efficacement les colons et de les défendre contre les attaques et les déprédations des Bédouins nomades. Il en est ainsi à Roumadi, à Hith, à Kerkisiéh et surtout à Dheir dans le Zôr. — C'est que la nature a prodigué toutes ses faveurs à cette vallée privilégiée : un sol profond et d'une incomparable fécondité, l'eau en abondance, un merveilleux climat, méditerranéen à Biredjik au nord, qui s'élève progressivement jusqu'au tropical dans le sud, à Bassora ; — de superbes herbages qui peuvent nourrir d'innombrables troupeaux ; ~~des forêts~~ ; presque tous les arbres fruitiers, légumes et céréales, plantes textiles et oléagineuses du monde, depuis ceux de l'Europe tempérée jusqu'à ceux de l'Inde où fleurit l'indigo, en passant par les intermédiaires. A toutes ces richesses il faut ajouter celles, connues ou inconnues encore sans aucun doute, que renferme dans son sein l'immense bassin du fleuve : bitumes et pétroles, marbres de toutes nuances, houilles, anthracites, sels gemmes, gypse, kaolin et bien d'autres.

Pour se relever, progresser et prospérer enfin comme de mieux protégées, les populations riveraines, soutenues dans leurs doléances par les notabilités les plus influentes des places de commerce et d'entrepôt de tout le pays, réclament du gouvernement la sécurité qui leur manque ainsi que le rétablissement de la navigation sur le fleuve, à la montée comme à la descente. A l'appui de cette dernière demande, elles invoquent ce précédent que, depuis plusieurs années déjà, des steamers à faible tirant d'eau font en toute saison un service régulier de transports entre Bagdad et Bassora sur le Tigre, dont cependant le courant est plus fort que celui de l'Euphrate. La circulation de navires sur ce fleuve, remorqueurs ou cargoboats, armés au besoin, aurait le double avantage, disent-elles avec raison, de leur procurer des moyens de transport plus rapides et fréquents, plus sûrs et moins coûteux d'une part, d'autre part de contribuer pour beaucoup au maintien de l'ordre dans la vallée et à la défendre contre les nomades du désert voisin. Mais il importe à cet effet que la navigation ne soit pas interrompue pendant la saison des basses eaux par un trop long chômage. Malheureusement, on se trouve en présence de quelques obstacles qui, à cette époque, barrent le fleuve dans toute sa largeur et qu'il faudrait avant tout ou contourner, ou faire disparaître.

L'Euphrate a des crues périodiques annuelles causées par la fonte des neiges dans la partie supérieure de son cours, en Arménie, où il prend sa source près du lac de Van. Ces crues se produisent au commencement de mars et atteignent leur maximum à la fin de mai. Alors, les plus hauts fonds du lit du fleuve se trouvent à 4 mètres au moins, et parfois plus, au-dessous du niveau de ses eaux, et nulle part rien ne fait obstacle à la navigation tant que la décrue, qui commence à la fin de juin, n'a pas mis ces hauts fonds à découvert. Les eaux sont au plus bas en septembre et en octobre. Ensuite les pluies d'automne et d'hiver provoquent jusqu'à la fin de février des crues, moins fortes il est vrai que les grandes du printemps, mais suffisantes.

Ces hauts fonds, infranchissables dans la saison des basses eaux, sont au nombre de trois qui barrent le fleuve dans toute sa largeur (environ 300 mètres). Quand la décrue des eaux sur ses fins les met à découvert, ils forment autant de chutes, mais de peu de hauteur. Ce sont les chutes connues sous le nom d'Anah, dont j'ai parlé plus haut, étagées sur une longueur fluviale d'une dizaine de kilomètres, à quatre heures de marche en aval de cette ville. Quand les eaux sont au plus bas, la plus forte des trois n'a guère que 25 centimètres de hauteur. Cette difficulté n'est pas insurmontable, loin de là. Il serait facile, ont affirmé des ingénieurs qui avaient été envoyés sur les lieux, de faire sauter à la mine ces faibles obstacles ou d'y ouvrir simplement un large et suffisant passage. — Il faudrait en outre améliorer le chenal de Karabla en faisant disparaître les quelques roches mal placées qui sont une gêne, sinon un danger, pour la navigation et, d'après le lieutenant-colonel Chesney, la seule difficulté sérieuse qu'elle rencontre entre Biredjik et la mer.

Les riverains obtiendront-ils, un jour ou l'autre, la satisfaction qu'ils réclament? C'est probable, avec le temps, beaucoup de temps. Ils sont tenaces, persévérants. Leurs intérêts et bien d'autres considérables sont en jeu, le courant de l'opinion se montre en leur faveur et ils savent par expérience qu'on finit toujours à la longue par avoir raison des atermoiements et des proverbiales lenteurs du règlement des affaires qui relèvent de l'État en Orient.

Nous partons de Saklaouiéh avant la fin du jour pour passer dans le bassin du Tigre par l'Irak. On chemine alertement dans cette plaine au sol uni et doux, sans plis de terrain, sans obstacles quelconques. Il n'y a pas de lune, mais la lumière sidérale suffit à éclairer notre marche à travers les touffes de broussailles basses et clairsemées qui se trouvent sur notre route. Osman, coupant au plus court pour éviter les circuits du sultaniéh, nous conduit en ligne droite, le cap à l'étoile qui luit sur Bagdad.

On sait que sous la latitude où nous sommes il n'y a ni crépuscule ni aurore. Le passage du jour à la nuit et de celle-ci au jour se fait instantanément et sans transition.

26 juin. — La nuit approchait de sa fin et nous venions d'arriver au pied de la tour d'Akarkouf, quand tout à coup le soleil sortit de l'horizon derrière une masse d'édifices et de bâtiments dont la silhouette noire se détachait sur son disque éclatant. Mais, bientôt, l'astre se démasquant tout à fait, ses flots de lumière inondèrent le paysage, et à nos yeux éblouis se montra dans toute sa grandeur la capitale des kalifes.

Bâtie sur la berge haute de la rive gauche du Tigre, elle domine au loin toute la contrée très basse d'alentour. Les dômes dorés de ses hautes et superbes mosquées brillent avec éclat sous les rayons réfléchis du soleil; ses innombrables minarets à balcon, élancés, sveltes, élégants, tout plaqués de faïences persanes aux arabesques bleues nuancées, scintillent irisés dans cet océan de lumière; à gauche se dressent d'abord, à l'extrémité des remparts, la citadelle, dont les pieds baignent dans le Tigre; à côté le séraï et ses énormes dépendances, bâtis sur l'emplacement de l'ancien palais d'Haroun-el-Raschid; à la suite, de grandes casernes; plus loin, dans le cœur de la ville et par-dessus les maisons, émergent les larges et longues toitures en voûte des bazars couverts; de grands palmiers se dressent isolés de tous côtés; et sur la droite, en dedans de l'enceinte et comme pour en marquer l'extrémité opposée, un grand bois de palmiers étale sa verdure au-dessus des quartiers voisins. Cette variété des couleurs et cette diversité des styles qui rompent l'uniformité banale des maisons arabes et tranchent sur leur sempiternelle blancheur, donnent à cet ensemble merveilleux un caractère de gaieté, de fraîcheur et de bien-être avec un cachet particulier d'originalité qu'on rencontre bien rarement dans les autres villes du vieil Orient. C'est une féerie digne des *Mille et une Nuits*.

Mais revenons à Akarkouf avant de passer outre. Cette antique et curieuse tour carrée a vingt et quelques mètres de hauteur; ses faces sont orientées aux quatre points cardinaux; son unique ouverture, la porte d'entrée, est au nord et trop haut placée, comme à Russâfa, pour y accéder sans échelle. Ses murs très épais sont entièrement bâtis en briques crues liées avec du bitume liquide à chaud et montées par assises régulières de cinq ou six rangs, séparées par de minces lits interposés de joncs entrelacés, tout comme avaient été construits les quais et les murs d'enceinte de l'antique Babylone[1]. — L'Akarkouf était-il la dépendance

[1]. Hérodote, liv. I, § CLXXIX, traduction Miot.

d'un palais d'été où les rois de Perse, à l'époque de la conquête, allaient prendre le frais pendant les grandes chaleurs, ainsi que le suppose Carsten-Niebuhr pour avoir trouvé près de là quelques débris en briques cuites, restes d'habitations de ce temps? suivant d'autres auteurs, un ancien observatoire des Chaldéens, ou simplement une tour de veille et de refuge pour un avant-poste de troupes?...

En approchant des grands faubourgs qui s'étendent de long en large sur la rive droite du Tigre en face de Bagdad, trois cavaliers en sortaient dont un portait le costume européen et le casque colonial, les deux autres en arrière avaient la tenue des cawas des consulats. Le premier, que je reconnus bientôt, était mon ami M. Peretié, venu à ma rencontre pour m'offrir, de la part de son chef M. Hadjoute Pellissier, notre consul, et de la sienne, l'hospitalité de leur résidence commune pour tout le temps de mon séjour.

Repartis ensemble, précédés des deux cawas et suivis de ma caravane, nous passons d'abord devant une modeste petite tour qui porte une inscription en caractères arabes et renferme le tombeau de la princesse Zobéyde, épouse de Haroun el-Raschid, célèbre dans l'histoire pour ses grandes vertus et son inépuisable bienfaisance, et dont la mémoire est restée vénérée depuis dix siècles comme au jour de sa mort (en 831 après J.-C.), par tous les croyants de l'Islam.

Dans les faubourgs, que nous traversons ensuite, se trouvent une quantité de khans publics ou privés, de maisons hospitalières, œuvres de fondations charitables, où voyageurs riches ou pauvres trouvent place, qu'ils soient rayas ou étrangers, fellahs des campagnes, Bédouins des déserts ou nomades soumis, aghaïls et chameliers avec leurs bêtes, qui se nourrissent sans frais au pacage dans la campagne inculte d'alentour. — C'est aussi là que se logent de préférence les Chias (Persans musulmans de la secte schismatique des Chiites), qui tous les ans, du fond de l'Iran, se rendent par milliers en pèlerinage à Meschcd Ali et à Meschcd Hussein, près de Hillé, où se trouvent les tombeaux de ces imams, leurs saints martyrs.

Bientôt nous arrivons au Tigre (200 m. de largeur), que nous passons sur le pont de bateaux qui réunit ses deux rives, et nous faisons enfin notre entrée à Bagdad par Bab-Djousser[1], entre deux haies de curieux accourus des bazars où on avait signalé l'approche d'une caravane venant du désert.

1. Porte du pont.

CHAPITRE VII

Séjour. — Le muschir Namik Pacha et ses audiences. — Au consulat de France. — Les Choummars. — Itinéraires à suivre et départ. — Altun Kupri et sa légende. — Mossoul. — A travers le Djéziréh. — Attaqués par une ghazuo de Yésidis. — Orfa. — Biredjik sur l'Euphrate. — Retour à Beyrouth.

En arrivant à Bagdad, ma première visite devait être pour le *muschir* [1], gouverneur général civil et militaire du vilayet, Namik Pacha, un des personnages les plus éminents et les plus distingués de l'Empire ottoman. Il a fait ses études en Europe, où il a vécu dans la haute société et en a pris les manières, est très instruit, sociable, agréable causeur et parle correctement le français. Mais ce fonctionnaire émérite et hors de pair, auquel

1. Maréchal, avec le titre d'Altesse.

rien n'échappe et qui gouverne sa province à la baguette, est resté patriote ardent, jaloux de l'indépendance et du salut de son pays et soucieux de défendre l'autorité, les droits et les prérogatives de son souverain. Aussi se montre-t-il défavorable, pour ne pas dire hostile, à toute ingérence comme à toute entreprise des étrangers dans les affaires de l'Empire et il le dit très franchement. « La Turquie aux Turcs » est sa devise; tout Européen nouveau venu lui est suspect de cacher une mission ou une intrigue politique sous le masque d'une affaire d'intérêt privé. Néanmoins il me fit très bon accueil, se montra très courtois et me retint longtemps à lui raconter l'objet et les péripéties de mon voyage. A l'issue de l'audience, il m'invita à l'aller voir souvent à son konak, où dans cette saison il reçoit en plein air dans l'immense cour de son palais, à l'ombre des bâtiments.

Je ne manquai pas de répondre à l'invitation. L'assistance était toujours nombreuse à ces audiences ouvertes à tous, grands et petits. J'y voyais défiler des fonctionnaires, des notables, des solliciteurs et même des gens du peuple remettant des suppliques ou réclamant justice. Parfois, après s'être débarrassé des importuns, le pacha me faisait signe de m'asseoir près de lui pour causer. N'ayant plus rien à nous dire en ce qui me concernait, il se plaisait à me raconter ses rapports avec le Sultan et son ministère, ce qu'il avait fait dans l'intérêt de sa province, ses vues, ses projets à mettre en œuvre avec des capitaux ottomans et par des sociétés de sujets ottomans, sans le concours d'étrangers. Il provoquait mes réponses, mes objections, mes critiques, comme s'il tenait à me consulter, en fait, si j'ai bien deviné sa pensée, afin de recueillir des renseignements au sujet des procédés nouveaux de certaines industries. Une autre fois, levant la séance, il m'emmena pour me montrer lui-même le palais du séraï, l'exposition encore bien rudimentaire des produits de l'Irak, son œuvre; les casernes, sa très belle jumenterie qu'il fit défiler devant moi. Enfin la glace était rompue, et plus tard, quand je lui demandai en riant s'il me prenait encore pour un agent secret de mon gouvernement, il me répondit sur le même ton : « Non, plus du tout; vous n'avez jamais, comme tant d'autres, fait intervenir les consuls dans vos rapports avec moi; je vous en sais très bon gré; nous nous séparerons bons amis ».

Au consulat de France, le temps s'écoulait agréablement dans l'intimité toute familiale de nos prévenants et aimables hôtes. On sort peu dans cette saison torride, on reste le plus souvent au logis. La journée se passe entre la cave et la terrasse qui sert de toiture à la maison. Quand le *samiel* (vent du désert) vient à souffler, ce qui arrive souvent, la température s'élève brusquement jusqu'à 43° au-dessus de zéro à minuit sur les toits; c'est là que nous couchons tous à la belle étoile, séparés par des cloisons de tapis. Au lever du soleil il faut se hâter de fuir et chacun d'aller se réfugier dans son appartement privé avant de descendre au rez-de-chaussée où se trouvent les salons d'hiver et le *salemelik* [1]. Mais bientôt

1. Grande pièce, entièrement ouverte au nord, salle de réception.

ici même la place n'est plus tenable. A l'heure du déjeuner, il faut descendre dans le *sardab* à la recherche d'une fraîcheur... très relative (30 à 32 degrés), pour prendre ce repas, et s'y confiner jusqu'à l'*asser* (5 h. du soir), avant lequel personne ne met le pied dehors. Le sardab, appartement d'été en sous-sol, est composé au moins de deux pièces, salon et salle à manger, hautes de plafond, éclairées par des fenêtres basses et longues qui prennent le jour au ras du sol de la cour; chaque pièce est pourvue d'un pounka indien suspendu au plafond et mis en mouvement du dehors par un domestique pour nous éventer. Après le coucher du soleil on remonte sur la terrasse, où le dîner est servi, éclairé par des bougies protégées contre le vent par des verres spéciaux. De là on domine les terrasses des maisons du voisinage, on voit le va-et-vient de leurs habitants qui soupent à la même heure, on entend le murmure de conversations animées. La soirée se prolonge assez tard, c'est le meilleur et le plus agréable moment de notre vie quotidienne. Après quoi chacun va retrouver sa légère couchette de branches de palmier. Cependant mes hôtes me firent faire quelques visites et me mirent en relation avec les sommités des autres consulats, de la colonie étrangère et du commerce indigène.

Je n'avais pas besoin de négocier avec les Choummars, puisque leur ancien *khouch* [1] avec les caravaniers n'avait pas été rompu comme celui des Anézéhs ; il me suffirait d'entretenir avec leurs grands scheiks une correspondance par échange de lettres courtoises, à défaut de visite pour le moment impossible. Ils s'étaient tous retirés très loin dans leur désert pendant l'épidémie de choléra qui régnait à Bagdad et venait seulement de cesser. Abdoul Kérim, le moins éloigné, se trouvait campé avec son douar dans le désert de Mossoul. Par l'intermédiaire de notre consul en cette ville, M. Lanusse, je pus me mettre en correspondance avec lui. Il me répondit qu'il était tout disposé, ainsi que son frère Ferhan Bey, à me prêter son concours, son appui au besoin, et désireux de me rece-

---

[1]. Association, confrérie, pacte.

voir sous sa tente, si, opérant mon retour par le Djéziréh, je ne passais pas trop loin de son campement; je saurais à Mossoul où le trouver.

Vers le milieu d'août, il fallut s'occuper des préparatifs complexes et assez longs du voyage. L'étoile de Canopus allait se montrer à l'horizon dans les derniers jours de ce mois; on pourrait alors se remettre en route. Je donnai à Osman et à Robert, mon interprète, ordre d'y pourvoir sans désemparer. Aussitôt qu'on l'apprit en ville, des voyageurs européens et indigènes, qui n'attendaient que l'occasion d'un départ de caravane pour marcher avec elle, me prièrent de les admettre à m'accompagner avec leurs gens, leurs bêtes et leurs bagages : on serait ainsi plus en nombre et plus en sûreté. Cette faveur ne se refuse jamais, mais j'eus soin de faire mes conditions afin de rester maître absolu de l'itinéraire, de la marche et de la police intérieure de la caravane.

Quand j'allai annoncer à Namik Pacha mon prochain départ pour Mossoul par le sultaniéh et mon projet de me rendre de là à Alep, il m'attendait et me dit : « Vous avez raison d'emprunter cette voie publique, c'est le plus sage et le plus sûr : elle traverse quelques villes et bon nombre de villages où il y a des postes de police, protection qui cependant n'est pas toujours suffisante. Ce chemin longe de très près le territoire de la Perse; les populations très pillardes de la frontière, comptant sur la facilité de la franchir et de se mettre bien vite ainsi à l'abri de toute répression, ne manquent pas une occasion d'attaquer les voyageurs et les caravanes qui ne sont pas de force à les repousser. Au printemps dernier, un de mes convois d'approvisionnements pour l'armée et de numéraire a été surpris par ces bandits et a subi quelques pertes. Je ne dois pas vous laisser partir sans une escorte suffisante. La sûreté de votre personne, étant donnée surtout la situation en vue que vous a faite ici votre entreprise, me cause infiniment de soucis et m'oblige. S'il vous arrivait malheur avant d'être sorti de mon vilayet, on ne manquerait pas de m'en rendre responsable, je ne le sais que trop [1]. Votre escorte sera commandée par

1. Allusion à l'accusation, mal fondée, assure-t-il, d'avoir,

le meilleur et le plus dévoué de mes cawas-baschis [1]; elle vous accompagnera jusqu'à Kerkouk où elle sera relevée par une nouvelle moins nombreuse qui vous conduira à Mossoul; le chemin, de ce côté plus éloigné de la frontière, est assez sûr. Le pacha de cette ville, où vous prendrez sans doute quelques jours de repos, aura ordre de vous fournir une autre escorte de cavaliers qui, par la rive gauche du Tigre et la ville de Djéziréh, vous accompagnera jusqu'à Mardin, dans le vilayet de Diarbékir. Le gouverneur de cette province, prévenu par moi, fera le nécessaire pour protéger votre marche et vous procurer toutes les facilités désirables au delà jusqu'à Biredjik sur l'Euphrate où, après avoir passé le fleuve, vous entrerez dans le vilayet d'Alep. — Gardez-vous surtout de traverser le désert de Mésopotamie, sous prétexte de tirer au plus court, vous y courriez les plus grands dangers. De la part des Choummars vous n'auriez rien à craindre, il est

---

non pas provoqué en 1860 les massacres de Djedda dont il était alors gouverneur, mais manqué d'énergie dans la répression. Il n'en parlait qu'avec une extrême amertume.

1. Sous-officier, sorte de maréchal des logis chef.

vrai; mais vous seriez inévitablement attaqué à main armée par les Yésidiens [1] de l'inaccessible mont Sindjar, leur repaire, bandits entreprenants et intrépides qui sans cesse battent le pays souvent jusqu'au Tigre. Vous pourriez en outre rencontrer des Hamawans ou autres coupeurs de route, ceux-ci armés de fusils, si un de leur parti avait passé sur la rive droite du fleuve pour y chercher aventure. Ne vous inquiétez de rien : je vais envoyer mes ordres à tous les fonctionnaires des localités où vous passerez; ils vous feront bon accueil et se mettront à votre disposition, si vous en avez besoin. »

A ce personnage de haute volée et de grand esprit, très autoritaire, absolu, tenace, intransigeant, cassant trop souvent, il ne manque pour être complet que du liant, de la modération et de la souplesse dans les formes et dans le lan-

---

1. Yésidiens ou Yésidis, d'origine kurde, ennemis de l'Islamisme, tolérants aux chrétiens. Leur religion, tenue secrète, est mal connue. On les appelle aussi Adorateurs du Diable (l'ange déchu du mal), qui leur inspire une véritable terreur et dont ils ne prononcent jamais le nom. Ils ne sont pas païens; ils ont quelques prêtres, mais pas de livres divins.

gage pour entretenir, malgré des différends inévitables, de bons rapports avec les représentants
des puissances étrangères. Aussi la corde était-
elle très tendue entre lui et les principaux consulats. Namik Pacha n'en est pas moins une
figure intéressante et à part, qui a bien quelques
ombres au tableau, mais qui n'est ni ordinaire
ni banale, et ne manque pas de grandeur.

Le très long détour que le muschir semblait
quasiment vouloir m'imposer était loin de me
sourire; ses appréhensions pour la sécurité de
ma personne, ses mesures de précaution pour
l'assurer, me paraissaient excessives et exagé-
rées. Mais les discuter avec lui n'aurait abouti
à rien, mieux valait m'abstenir et m'incliner,
tenant par-dessus tout à ne prendre aucun
engagement. Je me bornai donc à remercier
chaudement Son Altesse de l'intérêt qu'elle
daignait me témoigner si spontanément et avec
tant de bienveillante sollicitude.

1er septembre. — J'avais pris congé de Namik
Pacha, fait mes adieux à mes excellents amis
Pellissier et Peretié, à quelques connaissances.

A la fin de cette journée, dès que ma caravane et son escorte, rassemblées en dehors de la ville, furent prêtes et en mesure de partir, nous nous mîmes en route pour une première et très courte étape de deux heures de marche selon l'usage. Comme distance elle ne compte pas; ce n'est qu'un lever de rideau, qui permet aux retardataires de rallier avant le départ définitif le lendemain à la première heure. Nous marcherons pendant cinq heures, et camperons sous la tente à l'abri du soleil jusqu'à l'heure où la brise du soir se lève, pour faire une seconde traite de même durée, et nous passerons les nuits au bivouac. C'est à quoi nous oblige la chaleur encore excessive pendant ce mois. L'effectif de la caravane, augmenté des voyageurs qui suivent sa fortune, s'élève maintenant à environ 40 hommes et 50 bêtes de selle ou de somme, non compris les 30 cavaliers de l'escorte.

Le pays que traverse ce sultaniéh a peu d'attraits et presque rien d'intéressant, si ce n'est quelques ruines et surtout la très ancienne et originale petite ville d'Altun Kupri où, par exception, nous sommes entrés et avons passé la nuit. Elle est bâtie sur une île du petit Zab, affluent du Tigre, et enceinte d'un mur fortifié très élevé et d'une grande épaisseur qui n'a que deux entrées : poternes très étroites en pierres de taille bien parées où deux cavaliers ne peuvent passer de front. L'une, au nord, se trouve en face d'un gué du petit bras de la rivière; à l'autre, au sud, on accède par un joli pont, élégant et élevé, mais très étroit, jeté sur le grand bras, large et profond. Les maisons de la ville sont bâties en pierres ainsi que ses murailles, les mosquées, les minarets, la résidence du caïmacam et ses dépendances où sont casernés les bachi-bozouks de la garnison. Les rues, étroites et tortueuses, sont assez bien tenues et d'une propreté peu ordinaire en Orient. Quand on y pénètre, on éprouve une sensation délicieuse de fraîcheur et de bien-être qui repose de la fournaise de laquelle on sort.

Mais d'où vient à cette charmante et étrange ville ce nom, étrange aussi, d'Altun Kupri, mot composé turc, en français le *Pont-d'Or*? C'est encore une légende; la voici telle qu'elle m'a été racontée :

Il y avait autrefois une belle *khatoun* [1], immensément riche, bienfaisante et généreuse, qui, voyageant en grand apparat, s'était arrêtée dans cette ville. Pendant son séjour, survint une très forte crue de la rivière, le pont fut emporté, et la ville inondée resta sans communication avec le dehors pendant longtemps. Les vivres vinrent à manquer, la détresse était extrême. Alors intervint la princesse. Elle réussit, en semant l'or, à faire venir d'amont par des radeaux les provisions nécessaires à la nourriture des habitants. Après la décrue, elle fit réparer à ses frais les maisons des pauvres endommagées par les eaux et pourvut ensuite à la reconstruction du pont. Mais elle le voulut plus ouvert et plus solidement établi, selon les règles de l'art, avec de massives culées servant de point d'appui à un très haut tablier en forme de dos d'âne, tel qu'on le voit encore aujourd'hui. Elle ne s'en tint pas là seulement. Dans

1. Princesse.

sa prévoyance et sa sollicitude, la noble khatoun fit enfouir et sceller dans la culée du côté de la ville la somme en or nécessaire à la réfection de ce pont s'il venait un jour à être emporté à son tour par les eaux. De là ce nom d'Altun Kupri que dès lors les habitants ont donné à cette ville en souvenir de leur généreuse bienfaitrice, et qui a prévalu sur l'ancien, tombé totalement dans l'oubli. — Le trésor de la khatoun serait encore intact dans la culée, les indigènes n'en doutent pas. Est-ce croyable après tant de siècles écoulés? — Pourquoi non? Si dans toute légende il y a beaucoup à élaguer, il n'en reste pas moins une part de vérité.

Les ordres du muschir m'avaient bien devancé. Je m'en étais aperçu déjà à Kerkouk, où, par les soins de la municipalité de la ville, un grand *khan* (caravansérail) se trouvait préparé à nous recevoir pour y passer la journée au repos, mieux abrités du soleil et plus au frais que sous les tentes. A Altun Kupri ce fut bien autre chose. Quand nous y fîmes notre entrée, le caïmacam de ce chef-lieu, entouré de sa suite, m'attendait sur le seuil de la poterne du pont pour me souhaiter la bienvenue et me conduire à son konak où mon logement était préparé : une collation de fruits et de sucreries nous y attendait, servie sur un *skamléh*[1]. Nous la prîmes en tête-à-tête, Robert n'ayant pas été convié à partager tant d'honneur. Pour converser, nous dûmes procéder par signes, gestes, force saluts de politesse accompagnés d'inchallahs, machallahs, hamdoullahs, etc. Le caïmacam ne parlait que le turc et je ne savais pas un mot de cette langue : ce repas me parut interminable. — Et le lendemain matin, quand nous allions nous remettre en route, le caïmacam était déjà là à cheval, accompagné de son escorte de cavaliers irréguliers, pour me faire la conduite jusqu'à la limite de son arrondissement. Ces cavaliers sont de véritables centaures du type kurde, armés de lances. Le départ se fit aux sons des fifres et des tambourins de leur musique. Bientôt ils se mirent en branle et, pendant toute cette traite, ils nous émerveillèrent par la hardiesse et la grâce de

1. Petite table très basse et hexagonale, entièrement incrustée de nacre et de faux ivoire : très joli meuble.

leurs fantasias, l'entrain et les tours de force de leurs passes d'armes.

13 septembre. — Après avoir traversé le vaste emplacement entouré de collines dénudées où gisent, sous une très épaisse couche de terre, les ruines colossales de l'antique et célèbre Ninive, avoir ensuite passé le Tigre sur le pont de bateaux qui aboutit à Mossoul, nous dressons nos tentes de bonne heure en dehors de la ville, dans un jardin voisin de la résidence d'été de notre consul, M. Lanusse. Il m'attendait et avait des nouvelles intéressantes à me communiquer. Le scheik Abdoul Kérim, obligé de s'éloigner avec un grand nombre de tentes, s'était porté dans le nord. Avant de partir il était venu au consulat prier M. Lanusse de m'en informer et de me dire que, si je prenais la voie du désert, je le trouverais à son douar du côté de Raz-el-Aïn, principale source du Chabour, assez près de mon chemin. Quant aux nouvelles du désert, elles étaient rassurantes, on n'y signalait rien d'alarmant. Osman était allé en quête de renseignements dans les bazars de la ville et auprès des caravaniers, aghaïls comme lui, qui l'habitent. Son rapport confirmant les dires du consul, ils opinèrent l'un et l'autre que nous pouvions risquer l'aventure et prendre la voie du désert, mais à la condition d'augmenter nos forces défensives d'un détachement de 15 *segmahns* aghaïls, marchant à pied, armés d'assez bons fusils, hommes braves et très sûrs, dont l'unique métier est d'escorter les caravanes dans les traversées dangereuses. Ainsi le nombre de nos fusiliers s'élevait à 40 environ, amplement suffisants à tenir toute ghazou en respect, fût-elle de 80 cavaliers. Il importait aussi, tant à notre sécurité que pour prévenir toute opposition et toute résistance, de ne pas ébruiter ce projet et d'en garder le secret entre nous trois et Robert, mon interprète, tandis que nos gens et tout le monde en ville nous croiraient en séjour ici pour trois ou quatre jours encore; — à cet effet, faire vite et tôt et partir à l'improviste.

Le lendemain après midi, Osman et Robert s'occupèrent d'engager les 15 segmahns, de faire plier bagages et de tenir la caravane prête à se mettre en marche. De mon côté j'allai, en compagnie de M. Lanusse, faire la visite d'usage au pacha de Mossoul en même temps que mes adieux et lui annoncer mon départ immédiat pour le désert. Il parut contrarié, mais ne fit pas d'objection et insista seulement pour renforcer notre caravane d'une escorte de dix cavaliers commandée par un cawas-baschi, soit pour complaire au consul de France qui approuvait hautement ma résolution, soit aussi sans doute pour mettre sa responsabilité à couvert. M. Lanusse connaissait ce sous-officier depuis longtemps comme étant un homme sûr, expérimenté, auquel je pouvais laisser le soin de nous conduire en toute sûreté sans avoir à me préoccuper de rien. J'ai trop compté sur lui, mal m'en a pris.

Dans la nuit nous bivouaquions près du village de Hamoïdah, sur la rive droite du Tigre.

16 septembre. — Le lendemain nous entrions en plein désert, très large plateau ondulé qui s'étend à l'est jusqu'au Tigre, à l'ouest jusqu'aux derniers contreforts du Djebel Sindjar, le plus élevé de beaucoup du massif de montagnes basses et de collines qui par delà au loin jalonnent la vallée de l'Euphrate. Le Sindjar, dont notre marche nous rapproche, se dresse sur la gauche, dominant tout le pays. Le sol, de formation calcaire, est en cette saison presque totalement dénudé; la végétation sommeille en attendant le retour des pluies. La forme des ondulations et des dépressions de terrain, le manque absolu d'arbres, les couleurs et les tons variés qu'elles affectent, les quelques tells isolés qu'on rencontre et l'aspect général de ce désert sont en tout semblables à ceux du plateau du Schamiéh.

Nous passons la nuit tranquilles et sans alarme à Tell-Mouss.

17 septembre. — Il était dix heures du matin. La caravane marchait en bon ordre vers un tell pour y camper près de l'eau. Rien de suspect ne se montrait alentour, de nombreuses bandes de gazelles passaient sur nos flancs, courant dans la même direction, parfois assez près, mais toujours hors de portée de fusil.

Trop confiant dans la vigilance du cawas-baschi, je commis pour la première et seule fois l'insigne imprudence de me lancer, suivi de mon saïs embarrassé de deux chevaux, à la poursuite de gazelles que j'espérais atteindre dans un pli de terrain à un kilomètre de là. Des coups de feu tirés par mes segmahns me firent tourner la tête pour voir ce qui se passait. Quinze cavaliers armés de lances venaient d'attaquer la caravane et, n'ayant pas réussi à l'entamer par surprise, voltaient autour d'elle hors de portée des balles des segmahns, et sans paraître s'inquiéter des cavaliers d'escorte qui, bloqués dans un coin, restaient dans l'inaction, spectateurs de l'événement, sans tenter un effort pour me dégager et mettre en fuite ces bandits. Dès que ceux-ci m'aperçurent, ils tournèrent bride; cinq se détachèrent pour me couper la retraite, tandis que les autres plus loin sur ma droite s'avançaient rapidement en écharpe, dans l'espoir de m'envelopper et de me prendre par derrière. La situation était critique, il n'y avait pas une seconde à perdre. La seule chance de salut était de couper au plus court en fonçant droit sur les cinq premiers cavaliers les plus rapprochés qui venaient à nous au petit galop, et d'essayer de forcer leur ligne. J'ordonnai à mon saïs de donner la liberté à son cheval de main et de me suivre au plus vite. Deux coups de revolver suffirent à me faire faire place, et grâce à la vitesse supérieure de ma jument je n'avais plus rien à craindre d'une poursuite. Mais Tannous manquait à l'appel. Affolé par la peur, perdant la tête, sourd à mes ordres, il avait été cerné et jeté à terre de deux coups de lance. Le pauvre homme s'en revenait à pied, couvert de sang, sans blessure grave heureusement; au loin, la ghazou disparaissait avec mes deux chevaux dans la direction de la montagne. — Nous avions eu affaire à des Yésidiens du Sindjar, dont le chef, un certain Hénéhian, est très connu dans la contrée pour ses déprédations.

Le cawas-baschi, rudement interpellé sur sa lâcheté et son inqualifiable attitude, se retrancha, honteux et marri, derrière le mauvais vouloir et l'insubordination de ses hommes qui, montés à leurs frais, n'avaient pas voulu compromettre leurs chevaux et fourniments dans une action offensive. Il n'avait plus aucune autorité. Je n'hésitai pas à le mettre à pied, ce à quoi il se soumit sans mot dire, et je repris le commandement en main. Tout d'abord, j'eus quelque peine à obtenir l'obéissance absolue de ses cavaliers; cependant la menace de les dénoncer au terrible muschir de Bagdad, de sévir moi-même et sur l'heure, sans doute aussi l'espoir de mériter un bon *bakchich*, eurent bientôt raison de cette tentative de résistance et je n'eus plus qu'à m'en louer jusqu'au bout. — Après quoi, en toute hâte, nous nous remîmes en route.

A mesure que nous avançons, le terrain s'aplanit, la nature du sol change, nous franchissons des canalisations à ciel ouvert d'eaux sulfureuses et chaudes, on aperçoit encore quelques tells, au delà de nombreux villages; à l'horizon commence à se montrer la longue silhouette de la chaîne du Taurus. C'est ici que je congédie l'escorte du pacha de Mossoul.

20 septembre. — Campement pour la journée sur les bords d'un frais cours d'eau près du village de Nizibin, station principale des caravanes de commerce. Rencontre ici d'un Bédouin Choummar porteur d'une lettre d'Abdoul Kérim, par laquelle ce scheik m'informe qu'obligé de partir en toute hâte en expédition contre une forte ghazou ennemie, il regrette de ne pouvoir me recevoir à son campement de Raz-el-Aïn.

Nous prenons donc directement le chemin d'Orfa, parallèle au Taurus voisin, à travers une plaine de formation volcanique et d'érosions de roches basaltiques. On y rencontre de nombreux villages habités par des Kurdes, des Circassiens émigrés après la conquête russe et cantonnés là par la Porte, et des Turkmens. Tous sont en majorité querelleurs, peu hospitaliers, ardents à la rapine et au vol, opérant aussi bien de jour que de nuit et jouant facilement du couteau. Une constante vigilance est de rigueur; il faut marcher les rangs serrés, doubler les sentinelles pendant la nuit, faire bonne garde le jour au campement.

En approchant du territoire d'Orfa, le sol redevient calcaire et prend beaucoup de relief.

Bientôt nous nous engageons dans un chaînon de montagnes secondaires, rameau du Taurus, et nous descendons dans une plaine basse, fermée du côté opposé par un chaînon semblable qui, soudé au précédent en amont, bifurque avec lui, dans la forme d'un U largement ouvert au sud jusqu'au déclin de ces deux rameaux, à quelques kilomètres de là. C'est presque au sommet de cette immense conque que se trouve la ville. Après avoir traversé de grands champs de cotonniers, nous campons de bon matin au pied de ses remparts, dans un terrain vague rempli de débris épars qui paraissent être les restes d'un ancien cirque.

Orfa, l'ancienne Édesse des croisés, qui fut la capitale du comté de ce nom fondé par Baudouin, frère de Godefroy de Bouillon, compte environ 40 000 habitants, la plupart musulmans. Ses industries et son commerce sont très florissants.

Cette ville est entièrement bâtie en belles pierres blanches ainsi que ses dix ou douze mosquées, ses nombreux minarets, deux églises chrétiennes, ses remparts et sa citadelle haut perchée sur un rocher attenant. D'innombrables jardins fruitiers et forestiers l'enclavent d'un côté et couvrent en entier, et dans toute son étendue, la plaine féconde qui va s'élargissant et s'étend en longueur bien au delà de son enceinte de hauteurs. Les eaux, prodigieusement abondantes, fournies par des sources sorties du Taurus voisin, alimentent la ville et font tourner des moulins, avant d'aller irriguer toute cette immensité de jardins ainsi que les champs d'alentour, et déverser ensuite leur trop-plein dans un affluent du Bélik.

Les chaînons qui limitent à sa naissance ce coin de terre béni, l'abritent contre les vents très froids du nord; on n'y connaît ni les âpres rigueurs de l'hiver, ni les chaleurs torrides de l'Irak; la température, clémente et douce sans extrêmes, varie peu et les changements de saison se font à peine sentir; c'est comme un printemps quasi éternel. Sous ce délicieux et exceptionnel climat, la végétation se développe avec une puissance extrême dans un épanouissement continuel, embaumant l'air des senteurs d'une flore abondante, généreuse, sans cesse renouvelée. Entre les jardins fruitiers, tantôt se dressent de hauts platanes, tantôt s'étalent les amples ramures d'oliviers ou de figuiers, se montrent des bois de mûriers et tant d'autres. La blanche ville d'Orfa, dans son cadre demi-circulaire de montagnes, fait grande et belle figure et se détache sur ce fond diapré. L'harmonie extrême des contours et des couleurs, la diversité des aspects, l'éclat et à la fois la sérénité de cet ensemble plein d'attraits donnent à ce délicieux tableau de la nature un charme inexprimable. C'est un lieu enchanteur dont on a peine à détacher les yeux, une merveille qui justifie nos premiers pères d'avoir placé là le Paradis terrestre.

27 septembre. — Nous partons d'Orfa sous cette impression profonde. Le pays au delà, d'abord très accidenté, se nivelle ensuite jusqu'à l'Euphrate. Le surlendemain matin, à Biredjik, nous passons le fleuve dont les deux rives sont ici très basses, et la largeur d'environ 200 mètres. L'opération se fait au moyen de grands bacs bien construits où une voiture toute attelée pourrait aisément s'embarquer.

Toutes les voies de communication de l'Est (Bagdad, Mossoul, Diarbékir, Orfa et autres lieux) aboutissent à ce grand village, pour se confondre en une seule, le sultanich d'Alep, sur la rive droite du fleuve.

Ici finit, en fait, mon voyage aux Déserts et commence ma retraite sur Beyrouth, près de 600 kilomètres à franchir par le plus court sans sortir des chemins publics et des sentiers battus.

Après avoir congédié nos braves segmahns, et jeté un dernier regard sur le désert et sur l'Euphrate, ce beau fleuve que sans doute je ne reverrai plus, nous nous mettons en route pour Alep, sans désemparer. Là nous reprenons jusqu'à Homs le sultaniéh que nous avions emprunté en venant, et nous continuons notre marche par la vallée du cours supérieur de l'Oronte entre les deux Libans, Baâlbek, la B'kaâ et la route carrossable. Le 13 octobre j'étais de retour à mon logis, que j'avais quitté le 22 mars précédent.

ÉPILOGUE

1866—1895.

Il nous reste à passer rapidement en revue les faits, les améliorations et les changements survenus depuis 1866 jusqu'à nos jours.

Les Bédouins nomades. — Les Arabes Bédouins des déserts, Anézéhs, Choummars ou autres, n'ont rien de changé dans la vie toujours errante qu'ils mènent de temps immémorial, si ce n'est leur conversion à la religion fondée par le prophète Mahomet. Chez eux, les mœurs, caractères, us, coutumes et traditions, la haine de toute sujétion, l'amour d'indépendance et de liberté, l'humeur guerrière et la passion pour les ghazous, les qualités et les défauts, sont restés absolument les mêmes. Telles Carsten

Niebuhr a connu ces peuplades en 1766, telles les ont retrouvées Burckhardt en 1812 et moi en 1866; — telles elles sont encore aujourd'hui dans la prospérité comme dans les revers et les vicissitudes de leur existence aventureuse et précaire.

Ainsi : — Une tribu, jusqu'alors forte et puissante, vient-elle à déchoir de son ancienne grandeur par suite de divisions intestines ou de tout autre malheur, une autre longtemps faible, sans influence et sans prestige, aura pu se relever et monter au premier rang; — d'autres, réduites à la dure extrémité d'abandonner le désert pour chercher refuge et protection dans les territoires soumis, finiront fatalement par s'y fixer à demeure et formeront des colonies de fellahs laboureurs.

Ghazous et répression. — Tant que les nomades indépendants ne guerroient ou ne font de ghazous qu'entre eux, les pachas s'abstiennent en général d'intervenir dans ces conflits qui entretiennent l'inimitié entre les tribus, les divisent et les affaiblissent. Mais ces incorrigibles pillards en viennent-ils à pousser l'audace jusqu'à aller razzier en territoires soumis des villages ou des tribus assujetties, alors l'autorité militaire ne manque pas une occasion de les châtier durement, de les pourchasser même assez loin.

C'est ce que fit Holou-Pacha à la fin de 1866 contre les Sbaâ d'Ibn Moïnah qui, sous la conduite de ce grand scheik, avaient attaqué et pillé la tribu soumise des Hadédis. Il partit avec une petite colonne légère de cavaliers, de fantassins montés à mulet et une pièce de montagne, les poursuivit dans la Palmyrène jusqu'au pied du Djebel Abbiat, où ces Anézéhs parvinrent à lui échapper après avoir subi des pertes en hommes et surtout en bétail.

Au printemps de 1872, Omer Pacha, alors gouverneur du Djéziréh (Bagdad), partit de Kerkisiéh avec un détachement de troupes régulières contre des tribus de cette même famille qui refusaient l'impôt. Il réussit à les surprendre à leur campement; la résistance n'était plus possible. Alors les scheiks usèrent de ruse pour lui échapper. Après avoir fait un semblant de soumission en entamant des négociations au sujet du montant de la taxe à payer, ils réussirent à les traîner en longueur jusqu'au soir, et lorsque la nuit fut venue, ils décampèrent en toute hâte avec leurs douars et leurs troupeaux. Ils avaient gagné dix à douze heures d'avance, quand, le lendemain à l'aube, Omer Pacha se remit à leur recherche et les poursuivit pendant quatorze jours jusqu'aux limites de son vilayet, près de Tadmor, où il dut abandonner la partie sans leur avoir fait grand mal.

Ces expéditions, maintes fois renouvelées depuis, assagissent momentanément les tribus coupables. Elles se tiennent alors au loin pour ne pas appeler l'attention et faire oublier leurs méfaits, et reviennent ensuite à leurs cantonnements habituels, quand elles savent que les troupes sont rentrées dans leurs quartiers. Mais un jour ou l'autre, l'amour du pillage l'emportant sur la peur du châtiment, elles remettent des ghazous en campagne.

Essai de colonisation. — Plus tard, et pour d'autres raisons encore, Midhat Pacha, alors qu'il était gouverneur du Djéziréh, ne les ménagea pas. Actif et plein d'initiative, il avait entrepris de remettre en culture et en valeur les terrains si fertiles de la rive droite de l'Euphrate où les Arabes Anézéhs régnaient en maîtres. Il fit venir des colons et bâtir des villages, chacun avec logement et tour de veille pour un poste de zabtiéhs. Au moindre danger, un pavillon le jour, un fanal la nuit appelait au secours et les postes voisins accouraient sur le lieu menacé. Les Arabes étaient repoussés, mais, ne pouvant se venger par la force, ils avaient parfois recours à l'incendie en mettant, pendant la nuit et par un vent propice, le feu à un champ de blé en maturité, cas isolés dont il est facile de prévenir le renouvellement. Tout alla bien tant que Midhat Pacha resta gouverneur de la province. Malheureusement, après lui, ses successeurs, soit qu'ils aient eu d'autres vues, soit qu'ils aient dû disposer ailleurs de leurs forces armées, ne continuèrent pas son œuvre, si utile et si importante qu'elle fût. Ces postes de gendarmerie, bientôt diminués et retirés finalement, laissèrent le champ libre aux entreprises des Bédouins, et les malheureux colons, livrés à eux-mêmes sans défense, durent abandonner leurs villages, leurs cultures et aller chercher ailleurs sécurité et fortune.

Les Anézéhs. — Cependant les tribus anézéhs ne sont plus telles que je les ai connues en 1866. Les fusils à tir rapide et à longue portée des troupes impériales, les épidémies (petite vérole et choléra), leurs dissensions intestines surtout, les ont singulièrement affaiblies. Mais elles n'en sont pas moins à craindre encore de ce côté de l'Euphrate, enhardies qu'elles sont par la facilité de s'échapper, en cas d'alerte, dans les profondeurs du grand plateau voisin, aride et presque sans eaux du Désert de Damas, où on ne saurait les poursuivre sans courir de grands risques.

Parmi les Anézéhs habituellement cantonnés en été dans la plantureuse contrée du Zor, une tribu, et non des moins importantes, plus sage que les autres, avait toujours vécu en très bons rapports avec les autorités civiles et militaires de Dheir et avec les fellahs des villages voisins. Après avoir fait, à l'exemple de ceux-ci, des essais de culture arable assez bien réussis, elle s'était attachée à la terre, avait hiverné sur place au lieu d'aller au Nedj, et même construit quelques maisons et bourgades, tout en conservant ses tentes et ses troupeaux. Elle payait régulièrement la dîme. Mais un jour que le moutessaref de Dheir voulut contraindre ces Arabes de fournir, tout comme les populations sédentaires, un contingent de recrues pour l'armée, ce qui n'avait jamais été exigé des peuplades nomades, leurs scheiks répondirent par un refus formel que justifiait un tel précédent. Ce fonctionnaire insistant avec menace de les exécuter *manu militari*, ils prirent d'un commun accord le parti extrême d'émigrer sans retard. Dès le lendemain la tribu tout entière, abandonnant maisons et cultures, était partie avec ses tentes et ses troupeaux pour aller au loin dans le désert recommencer sa vie errante et aventureuse, mais indépendante. Et c'est ainsi que ce moutessaref imprévoyant et trop zélé fit échouer un repeuplement partiel de plus de 3 000 âmes dans la vallée, pour n'avoir pas eu la patience et l'habileté d'attendre que ces gens se fussent tous établis sur place et à demeure dans des maisons au lieu de tentes, et par suite mis dans l'impossibilité d'émigrer en masse. Le comte de Cholet rencontra cette tribu le 30 mars 1892 aux environs d'Anah, marchant en bon ordre vers le Sud sur un très large front, quand, après avoir parcouru l'Arménie et atteint Bagdad en *kellek*[1] par la voie fluviale du Tigre, il opérait son retour sur Alep sous l'escorte de fantassins montés, commandés par un officier.

Les Choummars. — Les Choummars de Mésopotamie n'ont pas la même ressource que les Anézéhs pour se soustraire à la répression; il leur manque le refuge d'un désert voisin, tel que le grand plateau du Schamiéh. Enfermés par l'Euphrate et le Tigre comme dans une île (Djéziréh), dont ils peuvent difficilement sortir; bloqués de trois côtés (nord, est et sud) par les forces militaires des vilayets voisins, et du quatrième par l'Euphrate que défendent leurs ennemis héréditaires les Anézéhs, ces nomades

---

1. Grand radeau monté sur des outres gonflées et portant un gourbi pour les voyageurs.

de la Mésopotamie, si vaillants et si bien commandés qu'ils soient, ont dû reconnaître la suprématie de la Porte, comme nous l'avons dit plus haut, et compter avec les valys. Leurs grands scheiks, de l'ancienne famille des Djerba, dont l'un a reçu l'investiture officielle du commandement suprême de toute cette tribu et de ses alliés, ont dû prendre l'engagement et la charge, non seulement de ne tolérer aucune entreprise de pillage sur les villages, les voyageurs ou les caravanes, mais encore de les protéger et défendre au besoin. Ils se trouvent ainsi dans un état d'assujettissement mitigé, qui d'ailleurs ne change rien à leur existence pastorale et nomade et ne les prive même pas de faire des ghazous contre les Bédouins indépendants, ou entre eux pour vider leurs querelles.

Ordre public et sécurité. — Cette habile organisation a porté ses fruits. Depuis lors, elle a valu à la Mésopotamie une sécurité jusque-là inconnue, surtout du côté de l'Euphrate, trop éloigné du mont Sindjar pour être exposé aux attaques des Yésidiens.

Voies publiques; un nouveau sultaniéh. — Aussitôt la voie par la rive gauche du fleuve fut déclarée chemin impérial (sultaniéh), et des postes de zabtiéhs, échelonnés tout le long, en font la police, maintiennent le bon ordre, protègent les passants. La sécurité, sans être absolue peut-être, l'est autant au moins que sur les autres sultaniéhs, et les caravanes n'y ont pas besoin d'escorte. Celles qui partent de Bagdad à destination d'Alep ne passent plus par Mossoul, Diarbékir et Biredjik sur l'Euphrate, détour énorme, mais prennent cette voie nouvelle, directe et infiniment plus courte. Elles desservent sur la route hith, Anah, Dheir et passent en bacs sur la rive droite du fleuve à Meskénéh, sous la protection d'un détachement de troupes casernées dans ce petit village, où elles ne sont plus qu'à 90 ou 95 kilomètres d'Alep par un chemin facile. Le trajet entier de Bagdad à cette ville se fait avec des chameaux en 32 à 33 jours, avec des mulets en 26 à 27. C'est une amélioration importante, sinon encore du progrès.

L'occupation militaire de Meskénéh, situé

entre les places d'Alep et de Dheir, n'est pas la seule mesure prise pour mieux assurer les communications et intimider les Arabes Bédouins. La garnison de Dheir a été renforcée, de sorte que tout le pays dans le Zor est maintenant efficacement protégé. Par suite, cette ville a pris beaucoup d'extension; tous les ans, sa population augmente et de nouvelles maisons sont construites; son trafic, ses industries se développent et prospèrent et on a dû bâtir des bazars qui se montrent très animés. Comme place de commerce, elle a pris une importance à la hauteur de celle de son excellente position stratégique.

Si, dans les provinces d'Asie de l'empire, les indigènes du littoral jouissent déjà des bienfaits dus à l'introduction des découvertes, des procédés, des transformations de notre civilisation moderne auxquels ils doivent leur relèvement et une ère de prospérité inespérée, ces bienfaits ne se sont pas étendus encore beaucoup au delà des côtes, dans l'hinterland profond.

Cependant les populations déshéritées de

l'intérieur ont appris à les connaître et à en apprécier la valeur par les nombreux voyageurs qui circulent sans souci du temps et des distances, par les caravaniers, les correspondances commerciales, la voix publique. C'est à la suite de cette pénétration, ouvrant à l'avenir un horizon nouveau, que s'était formé en 1866 ce courant d'opinion si marqué au sujet de la navigation de l'Euphrate, dont j'ai parlé dans un chapitre précédent. Ce courant, fait de doléances et de revendications, et dirigé par les Bagdadins ardents à obtenir la part de leur pays dans ces œuvres, sources de progrès et de prospérité, se poursuit sans relâche. Il s'est accentué encore davantage depuis que S. M. le Sultan Abdoul Hamid a arrêté et mis en commencement d'exécution le projet d'un grand réseau de chemins de fer en Asie Mineure et en Syrie, dont les lignes partant du littoral doivent aboutir d'une part aux limites du vilayet de Diarbékir, d'autre part à Biredjik sur l'Euphrate, où ce fleuve commence à être navigable. Plusieurs lignes ou sections de lignes sont déjà en exploitation, mais cet immense réseau ne semble pas pouvoir être achevé avant une douzaine d'années.

Le commerce. — En 1866, le commerce de Bagdad, se laissant trop aller au jour le jour dans une sorte de *dolce far niente*, manquait d'entrain et d'activité. Il n'a pas tardé cependant à secouer cette torpeur, à prendre des allures plus vives et à multiplier ses affaires.

Projet de chemin de fer d'intérêt local. — Il y a dix ou douze ans environ, pour répondre aux besoins du trafic avec la Perse, devenu de plus en plus important, et à celui du transport des pèlerins chias plus nombreux que jamais, les Bagdadins sollicitèrent la concession d'une petite ligne de chemin de fer, partant de la frontière de Perse pour aboutir, en passant par Bagdad, aux lieux saints de ces pèlerins, Meschcd-Ali et Mesched-Hussein. Cette concession leur fut accordée par la Porte, mais rien n'est encore fait, quoique le capital nécessaire ait été entièrement souscrit, parce qu'on ne put trouver parmi les indigènes (condition imposée aux concessionnaires) un homme assez capable et intègre pour lui confier la charge d'administrateur-directeur responsable de cette entreprise.

Plus tard et comme pour faire patienter les riverains de l'Euphrate et leurs co-intéressés du chef-lieu, des bateaux à vapeur de la compagnie indigène Oman, qui relève de l'État, furent envoyés dans le fleuve pour y faire, à titre d'essai, un service régulier de navigation pendant la saison des hautes eaux, entre Saklaouiéh, échelle de Bagdad, et Meskénéh, échelle d'Alep (longueur fluviale de près de 930 kilom.). Tout alla bien et sans rencontrer de difficultés sérieuses, sans accidents notables. Les steamers faisaient aisément en cinq jours le trajet d'une échelle à l'autre. Ce service ne fut pas repris l'année d'après, ni les suivantes.

En dernier lieu, il y a cinq ou six ans, le gouvernement a fait dresser un devis complet des travaux à entreprendre dans l'Euphrate pour le rendre navigable presque en toutes saisons, par un de nos plus distingués ingénieurs des ponts et chaussées qui se trouvait alors sur les lieux. C'était un premier et grand pas de fait, qui avait son importance comme signe certain des intentions favorables à ce projet en haut lieu, et présage d'une réalisation future. Les riverains se réjouissaient déjà, mais on en était resté là jusqu'à présent, et patiemment ils attendent encore sans désespérer. Le dossier de cette affaire dormira sans doute dans un carton du ministère à Cor .antinople, jusqu'à ce qu'une conjoncture favorable ou une influence supérieure l'en fasse sortir à l'heure propice, peut-être même avant l'achèvement du réseau des chemins de fer d'Asie Mineure et de Syrie.

Quoi qu'il en soit, quand la grande ligne de Syrie qui, s'embranchant sur celle de Beyrouth-Damas, actuellement en exploitation, pour desservir Homs, Hamah et Alep, sera achevée jusqu'à Biredjik sur l'Euphrate, son terminus, le jour sera venu où la mise en état de navigabilité de ce fleuve s'imposera et par la force des choses et par les intérêts même de l'État qui, aux points de vue administratif, militaire et financier, se trouveront alors (dans huit ou dix ans au plus) immédiatement et grandement en jeu.

Au résumé, en ce qui concerne les pays que j'ai parcourus, la marche dans la voie du progrès depuis 1866 n'a avancé que pas à pas, avec une lenteur sans précédent chez les peuples plus civilisés. Cependant elle ne s'est pas arrêtée en chemin et a valu à la population des bienfaits inestimables, quoique peu nombreux par rapport à une période aussi longue, à savoir :

Les Arabes Bédouins ont été matés ou réduits à l'obéissance d'un côté, de l'autre très affaiblis ; — l'ordre public et la sécurité des communications plus efficacement assurés ; — un nouveau derb sultaniéh, plus direct et bien gardé, a été ouvert à la circulation ; — la concession d'un chemin de fer d'intérêt local a été accordée aux Bagdadins, commerçants experts et banquiers habiles, mais encore inaptes à monter une industrie par association et à la mener à bien sans le concours d'Européens ; — la mise en état de navigabilité de l'Euphrate a fait dernièrement l'objet d'une étude approfondie et d'un projet définitif avec plans et devis ; — si des tentatives de mise en culture des terres n'ont pas abouti, elles ont montré du moins la possibilité de trouver des colons pour repeupler la vallée de l'Euphrate; — enfin, fait trop caractéristique pour l'omettre, la renommée des procédés et des mécanismes de nos grandes industries, principalement de celles des transports, qui frappent le plus les indigènes, a pénétré dans l'intérieur et s'y est propagée au delà de toute expression; — il y a maintenant peu d'Arabes, même parmi les Bédouins des déserts voisins, qui n'aient entendu vanter ces nouveautés, dont ils parlent comme de merveilles sous les dénominations franco-arabes de *Derb carrozzâte*, *Derb vapourâte* et *Vapourâte*, chemin carrossable, chemin de fer, bateau à vapeur.

Tel est à ce jour, dans ses principales lignes et dans son ensemble, le bilan de cette période de 29 années. Elle ouvre une ère de progrès et de transformations: l'impulsion donnée, loin de se ralentir, prendra d'année en année, de période en période, plus d'essor; les résultats acquis provoqueront une action plus hardie. Alors, les populations amoindries et déshéritées des vastes et fécondes contrées que nous avons parcourues, croîtront et multiplieront à l'aise, et renaîtront bientôt à la prospérité des temps jadis.

FIN

ANNEXE. — Quelques positions géographiques.

	LATITUDE	LONGITUDE	ALTITUDE	OBSERVATIONS
Palmyre (Tadmor).....	34° 32′ 30″ N.	35° 54′ 35″ E.		d'après M. le l¹ de vaisseau Vignes, aujourd'hui amiral.
Id.	»	»	380ᵐ	d'après lady Anne Blount. d'après l'amiral Vignes.
Homs............	34° 42′ 20″ N.	34° 22′ 13″ E.		d'après l'amiral Vignes.
Hamah...........	35° 08′ N.	34° 23′ 30″ E.		
Le Djebel Abbiat (sommet), la plus haute montagne du massif de la Palmyrène et la seule qui porte une calotte de neige en hiver, d'où lui vient son nom d'Abbiat (blanc).			Supérieure à 1 250ᵐ, limite inférieure des neiges dans cette région.	
Biredjik...........			192ᵐ	d'après le colonel Chesney.

Chaînes, chaînons, plaine et quelques ruines de la Palmyrène relevés par l'auteur et qui ne figurent encore sur aucune carte.

A. Les djebels (monts) *Bélas*, — *Méra*, — *Edentin*, — *Aschabith*.
B. La large plaine dite *le Chaher*, entre les Djebels Bélas et Abbiat.
C. Ruines : — Restes d'un *temple romain* à 2 k. au sud de Salamieh ;
— *Débris très anciens et une stèle*, portant une inscription latine de quatre lignes aux trois quarts effacée, au sommet du Bélas ;
— Ruines d'*Abou Schindar*, ancien fort romain, au sommet d'un mamelon, au sud du Bélas.

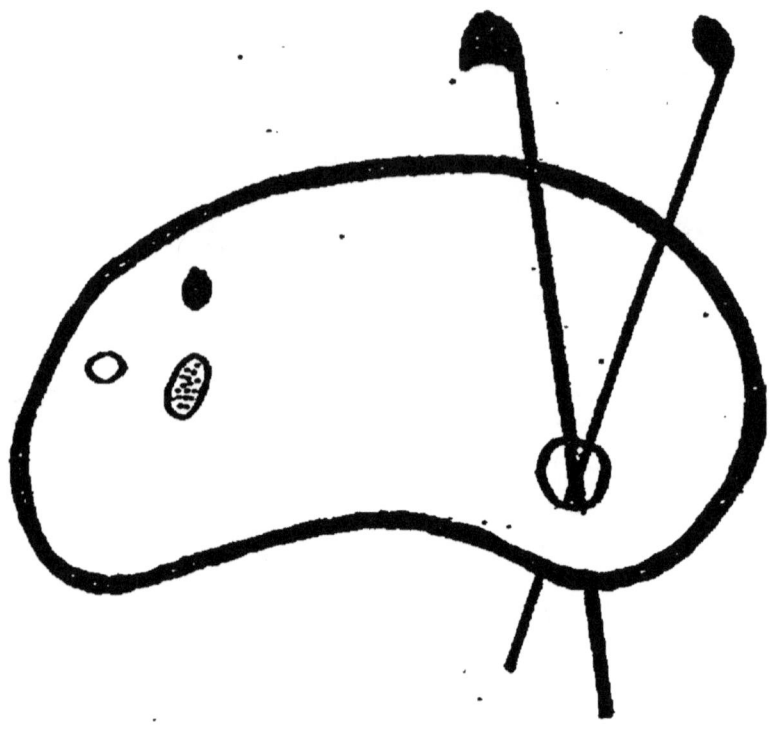

ORIGINAL EN COULEUR
NF Z 43-120-8

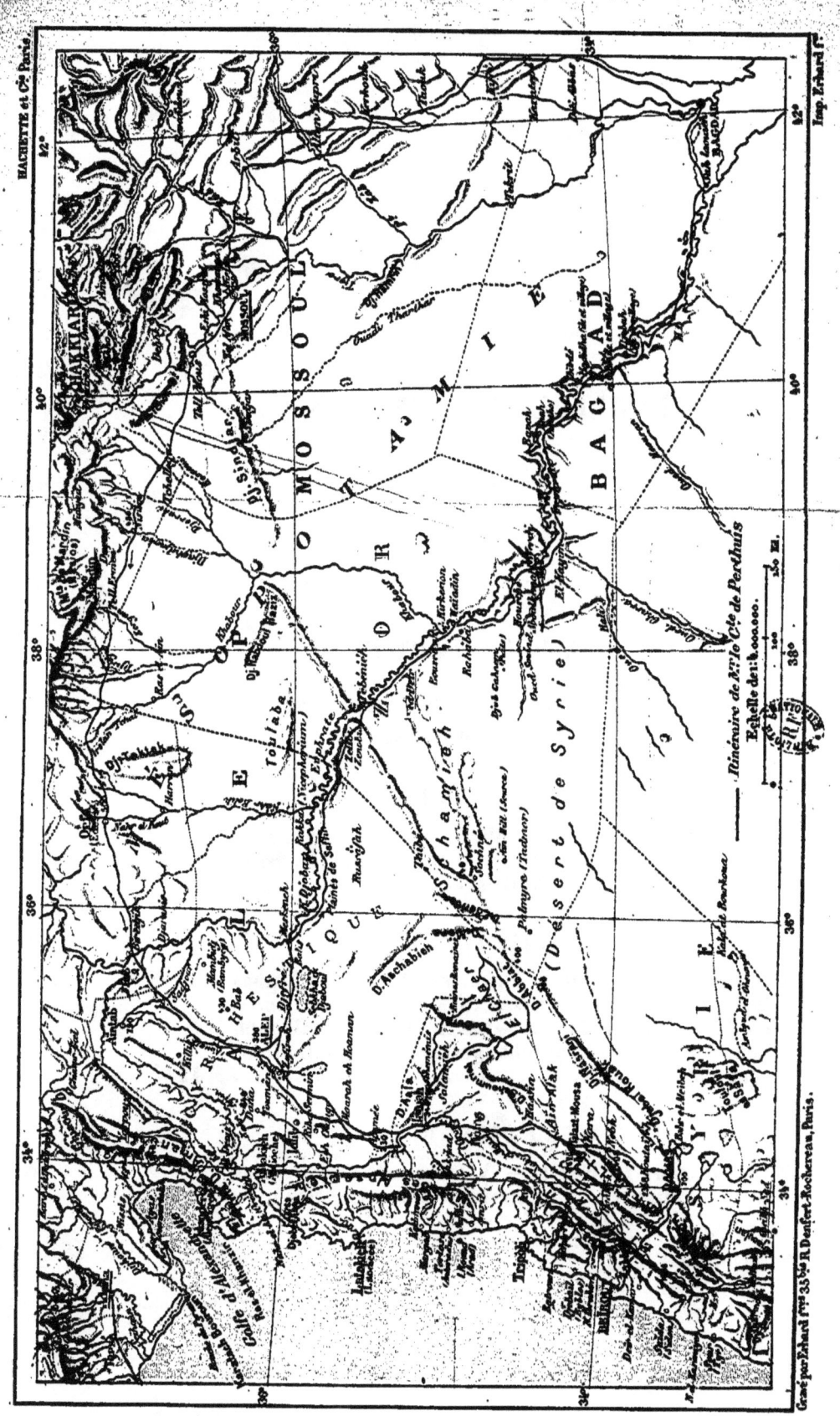

TABLE DES MATIÈRES

INTRODUCTION VII

PREMIÈRE PARTIE

DE DAMAS A HAMAH. — DANS LA PALMYRÈNE.
CHEZ LES NOMADES.

CHAPITRE I

Départ de Damas. — Le sultanieh et les confins du désert. — Homs. — Hamah. — Le consul, M. Bambino. — Derniers préparatifs...................... 1

CHAPITRE II

Les peuplades nomades : Turkmens et Kurdes; Arabes Bédouins. — Tribus assujetties et tribus indépendantes. — Nomenclature. — Les Anézéhs et les Chouammars. — Commerce d'échanges avec les populations sédentaires................................ 11

CHAPITRE III

En route pour le désert. — A travers les montagnes de la Palmyrène. — Arrivée chez les Sbaâ. —

Réception, hospitalité. — Premier entretien avec des scheiks de grandes tentes........................ 30

CHAPITRE IV

Un festin de gala. — La loi du *thar* (vengeance du sang). — Les grands scheiks par élection. — Guerres et *ghazous* (razzias). — Les pactes d'amitié et de protection.. 56

CHAPITRE V

Le douar en déplacement. — Chasse au faucon et chevaux arabes. — Chant de guerre. — Conférence secrète. — Hospitalité et félonie. — Une grande ghazou. — La garde du douar confiée à un *Frangi* (Européen).. 67

CHAPITRE VI

Visite des femmes de la famille du scheik. — L'amour au désert. — La belle Aïschéh et le vaillant Djeddaân. — La loi du cousinage et le sort des femmes. — Une alerte et une caravane de colporteurs. — Lettres de Paris.. 89

CHAPITRE VII

Chez Ferrès Ibn Hedeb. — Arrivée d'un colonel turc en mission. — Rapports des scheiks avec les pachas. — Audiences sous la tente du scheik. — Le vol en deux espèces. — Un courrier des Feddaân et offres d'hospitalité. — Derniers adieux aux Sbaâ. — Retour à Hamah pour ravitailler ma caravane............... 106

DEUXIÈME PARTIE

L'EUPHRATE ET LA MÉSOPOTAMIE.

ALEP ET ZÉFIRÉH. — LA VALLÉE DE L'EUPHRATE ET LE SCHAMIÉH. — LES RIVERAINS SÉDENTAIRES ET LES NOMADES. — L'IRAK ET BAGDAD. — LES CHOUMMARS. — LE DÉSERT DE MÉSOPOTAMIE ENTRE MOSSOUL ET BIREDJIK. — RETOUR A BEYROUTH.

CHAPITRE I

Le sultaniéh. — Zéfiréh et le lac de Sabéha. — Alep. — Le consul, M. Bertrand. — Arrivée à l'Euphrate. — Meskénéh et les ruines de Bâlis.................. 123

CHAPITRE II

Dans la vallée. — Heureuse rencontre de cavaliers feddaàn. — Ghazous de Choummars. — Sur le plateau du Schamiéh. — Russàfa et sa légende. — Fausse direction, manque d'eau, marche de dix-sept heures. 140

CHAPITRE III

La ville de Dheir et sa garnison. — Le colonel Aly Bey et les notables. — Chez les Feddaàn............... 157

CHAPITRE IV

Anah et son oasis. — Les chutes d'eau de l'Euphrate. — Encore une ghazou de Choummars; cavaliers débandés en fuite. — Égarés pendant la nuit dans un ravin. — Un campement d'Arabes laboureurs. — Ascension périlleuse au clair de lune. — Merveilleux panorama....................... 171

CHAPITRE V

Hith et ses sources de pétrole. — Les premiers Amarats. — Correspondance avec le scheik suprême de cette tribu, Abdoul Messen. — Passage du fleuve en bacs. — Dans l'Irak Arabi. — Toumadi et les Salgas. — Saklaouiéh.. 183

CHAPITRE VI

Le bassin de l'Euphrate entre Biredjik et Saklaouiéh. — Produits du sol, richesses minérales. — Navigabilité du fleuve. — Situation et avenir des populations riveraines. — Traversée de l'Irak. — La tour d'Akarkouf. — Le Tigre. — Arrivée à Bagdad............. 195

CHAPITRE VII

Séjour. — Le muschir Namík Pacha et ses audiences. — Au consulat de France. — Les Choummars. — Itinéraires à suivre et départ. — Altun Kupri et sa légende. — Mossoul. — A travers le Djéziréh. — Attaqués par une ghazou de Yésidis. — Orfa. — Biredjik sur l'Euphrate. — Retour à Beyrouth...... 210

ÉPILOGUE

1866-1895.. 238

ANNEXE

Quelques positions géographiques.................. 257

Coulommiers. — Imp. Paul BRODARD. — 2-28-96.

LIBRAIRIE HACHETTE & Cⁱᵉ
BOULEVARD SAINT-GERMAIN, 79, PARIS

EXTRAIT DU CATALOGUE

GÉOGRAPHIE & VOYAGES

FORMAT IN-16, AVEC GRAVURES ET CARTES

Chaque volume : broché, 4 fr. — Relié en percaline, tranches rouges, 3 fr. 50

About (Ed.) : *La Grèce contemporaine*; 10ᵉ édition. 1 vol. avec 24 gravures.

Albertis (d') : *Nouvelle-Guinée*, traduit de l'anglais par Mme Trigant. 1 vol. avec 64 gravures et 2 cartes.

Amicis (de) : *Constantinople*, traduit de l'italien par Mme J. Colomb; 4ᵉ édition. 1 vol. avec 24 gravures.

— *L'Espagne*, traduit par la même; 5ᵉ édition. 1 vol. avec 24 gravures.

— *La Hollande*, traduit par Frédéric Bernard; 4ᵉ édition. 1 vol. avec 24 gravures.

— *Souvenirs de Paris et de Londres*. 1 vol. avec 18 grav.

Belle (H.) : *Trois années en Grèce*. 1 vol. avec 32 gravures et une carte.

Boulangier (E.) : *Voyage à Merv. Les Russes dans l'Asie centrale et le chemin de fer transcaspien*. 1 vol. avec 84 gravures et 14 cartes.

Bovet (Mlle M. A. de) : *Trois mois en Irlande*. 1 vol. avec 76 gravures.

Cagnat (R.) et Saladin : *La Tunisie*. 1 vol. avec 48 grav.

Cameron (Vernel-Lowett) : *Notre future route de l'Inde*. 1 vol. avec 29 gravures.

Cavaglion : *254 jours autour du monde*. 1 vol. avec 29 gravures.

Chaffanjon (J.) : *L'Orénoque et le Caura*. 1 vol. avec 56 gravures et 2 cartes.

Chaudouin : *Trois mois de captivité au Dahomey*. 1 vol. avec 55 gravures.

Cotteau (E.) : *De Paris au Japon à travers la Sibérie ;* 3ᵉ édition. 1 vol. avec 28 gravures et 3 cartes.

— *Un touriste dans l'extrême Orient* (Japon, Chine, Indo-Chine, Tonkin (1881-1882) ; 3ᵉ édition. 1 vol. avec 38 gravures et 3 cartes.

— *En Océanie.* Voyage autour du monde en 365 jours (1884-1885). 1 vol. avec 48 gravures et 4 cartes.

Farini (G.-A.) : *Huit mois au Kalahari.* Récit d'un voyage au lac N'gami, traduit de l'anglais par Mme Trigant. 1 vol. avec 34 gravures et 2 cartes.

Fonvielle (W. de) : *Les affamés du pôle Nord.* Récit de l'expédition du major Greely, d'après les journaux américains. 1 vol. avec 19 gravures et une carte.

Garnier (F.) : *De Paris au Tibet.* 1 vol. avec 30 gravures et une carte.

Harry Alis : *Promenade en Egypte.* 1 vol. avec 28 gravures.

Hübner (comte de) : *Promenade autour du monde ;* 8ᵉ édition. 2 vol. avec 48 gravures.

— *A travers l'empire Britannique.* 2 vol. avec 49 gravures et une carte.

Labonne (Dʳ H.) : *L'Islande et l'archipel des Færœr.* 1 vol. avec 57 gravures et 2 cartes.

Largeau (V.) : *Le pays de Rirha. — Ouargla.* Voyage à Rhadamès. 1 vol. avec 12 gravures et une carte.

— *Le Sahara algérien ; les déserts de l'Erg ;* 2ᵉ édition. 1 vol. avec 17 gravures et 3 cartes.

Leclercq (J.) : *Voyage au Mexique,* de New-York à Vera-Cruz, en suivant les routes de terre. 1 vol. avec 36 gravures et une carte.

— *La Terre des Merveilles,* promenade au Parc National de l'Amérique du Nord. 1 vol. avec 40 gravures et 2 cartes.

Marche (A.) : *Trois voyages dans l'Afrique occidentale ;* Sénégal, Gambie, Casamance, Gabon, Ogooué. 2ᵉ édition. 1 vol. avec 24 gravures et une carte.

— *Luçon et Palouan.* Six années de voyages aux Philippines. 1 vol. avec 63 gravures et 2 cartes.

Markham (A.) : *La mer glacée du pôle ;* souvenirs d'un voyage sur *l'Alerte* (1875-1876), traduit de l'anglais par Frédéric Bernard. 1 vol. avec 32 gravures et 2 cartes.

Montano (D' J.) : *Voyage aux Philippines et en Malaisie.* 1 vol. avec 30 gravures et une carte.

Montégut (E.) : *En Bourbonnais et en Forez;* 3ᵉ édition. 1 vol. avec 24 gravures.

— *Souvenirs de Bourgogne;* 2ᵉ édit. 1 vol. avec 24 grav.

— *Les Pays-Bas. Impressions de voyage et d'art;* 2ᵉ édition. 1 vol. avec 24 gravures.

Pfeiffer (Mme) : *Voyage d'une femme autour du monde;* 5ᵉ édition. 1 vol. avec 42 gravures et une carte.

— *Mon second voyage autour du monde;* 4ᵉ édition. 1 vol. avec 32 grav. et une carte.

Rabot (Ch.) : *A travers la Russie boréale.* 1 vol. avec 61 gravures.

Reclus (A.) : *Panama et Darien. Voyages d'exploration (1876-1878).* 1 vol. avec 60 gravures et 4 cartes.

Reclus (Élisée) : *Voyage à la Sierra-Nevada de Sainte-Marthe. Paysages de la nature tropicale;* 2ᵉ édition. 1 vol. avec 24 gravures et une carte.

Rousset (L.) : *A travers la Chine;* 3ᵉ édition. 1 vol. avec 28 gravures et une carte.

Taine (H.), de l'Académie française : *Voyage en Italie;* 7ᵉ édition. 2 vol. avec 48 gravures.

— *Voyage aux Pyrénées;* 13ᵉ édition. 1 vol. avec 24 gravures.

— *Notes sur l'Angleterre;* 9ᵉ édition. 1 vol. avec 24 gravures.

Tanneguy de Wogan : *Voyages du canot en papier le « Qui vive? ». Aventures de son capitaine.* 1 vol. avec 24 grav.

Thomson (J.) : *Au pays des Massaï. Voyage d'exploration à travers les montagnes neigeuses et volcaniques et les tribus étranges de l'Afrique équatoriale,* traduit de l'anglais par Fr. Bernard. 1 vol. avec 54 gravures.

Thouar (A.). *Explorations dans l'Amérique du Sud.* 1 vol. avec 50 gravures.

Ujfalvy-Bourdon (Mme de) : *Voyage d'une Parisienne dans l'Himalaya occidental.* 1 vol. avec 64 gravures.

Vanderheym (J.-G.) : *Une expédition avec le négous Ménélik (vingt mois en Abyssinie).* 1 vol. avec 78 gravures.

Verschuur : *Aux antipodes.* 1 vol. avec 50 gravures.
  Ouvrage couronné par l'Académie française.

— *Voyage aux trois Guyanes et aux Antilles.* 1 vol. avec 48 gravures et 2 cartes.

FORMATS GRAND IN-8 ET IN-4

Albéca (Alexandre L. d'), ancien administrateur colonial : *La France au Dahomey.* 1 vol. in-4 avec 115 gravures et 3 cartes, broché. 20 fr.

Amicis (E. de) : *Constantinople.* Ouvrage traduit de l'italien par Mme J. Colomb. 1 vol. in-8 avec 183 reproductions de dessins pris sur nature par Biséo, broché. 15 fr.

Binger (G.) : *Du Niger au Golfe de Guinée.* 2 vol. in-8 jésus contenant 200 gravures et 31 cartes, brochés. 30 fr.
<small>Ouvrage couronné par l'Académie française.</small>

Bonvalot (Gabriel) : *De Paris au Tonkin à travers le Tibet inconnu.* 1 vol. in-8 jésus contenant 108 gravures d'après les photographies du prince Henri d'Orléans et une carte, broché. 20 fr.
<small>Ouvrage couronné par l'Académie française.</small>

Catat (Dr L.) : *Voyage à Madagascar* (1889-1890). 1 vol. in-4 avec gravures et cartes, broché. 25 fr.

Chantre (Mme) : *A travers l'Arménie russe.* 1 vol. in-8 jésus contenant 151 gravures et 2 cartes, broché. 20 fr.

Charnay (D.) : *Les anciennes villes du Nouveau Monde.* Voyages d'explorations au Mexique et dans l'Amérique centrale (1867-1882). 1 vol. in-4 avec 214 gravures sur bois et 19 cartes ou plans, broché. 30 fr.

Cochard (L.) : *Paris, Boukara, Samarcande.* 1 vol. in-8, broché. 4 fr.

Coudreau (H.) : *Chez nos Indiens.* Quatre années dans la Guyane française (1887-1891). 1 vol. in-8 jésus illustré de 98 gravures et une carte, broché. 20 fr.

Crevaux (Dr) : *Voyages dans l'Amérique du Sud.* 1 vol. in-4 illustré de 253 gravures dessinées sur bois, etc., et contenant 5 cartes, br. 30 fr.

Daireaux (E.) : *La vie et les mœurs à la Plata.* 2 vol. in-8 avec 48 gravures et 2 cartes, brochés. 15 fr.

Demanche (George) : *Au Canada et chez les Peaux-Rouges.* 1 vol. in-8 avec 9 gravures hors texte et une carte, broché. 5 fr.

Dieulafoy (Mme Jane), chevalier de la Légion d'honneur : *La Perse, la Chaldée et la Susiane.* Relation de voyage. 1 vol. in-4 avec 336 gravures sur bois et 2 cartes, broché. 30 fr.
<small>Ouvrage couronné par l'Académie française.</small>

— *A Suse, journal des fouilles.* 1 vol. in-4 avec 135 gravures sur bois, broché. 30 fr.

Dixon (Hepworth) : *La conquête blanche*, voyage aux États-Unis d'Amérique. Ouvrage traduit par H. Vattemare. 1 vol. in-8 avec 118 grav. et 2 cartes. 10 fr.

Garnier (Fr.) : *Voyage d'exploration en Indo-Chine*, effectué par une commission française, présidée par M. le capitaine de frégate Doudart de Lagrée. 2 vol. avec 158 gravures sur bois et un atlas in-folio, contenant 12 cartes et 10 plans, 2 eaux-fortes, 10 chromolithographies, 4 lithographies à 3 teintes et 31 lithographies à 2 teintes. Prix des deux volumes, brochés, avec l'atlas cartonné. 200 fr.

Garnier (F.) : *Voyage d'exploration en Indo-Chine*. 1 vol. in-8, avec 211 gravures et 2 cartes, broché. 15 fr.

Gourdault (J.) : *La Suisse*. 2 vol. in-4 avec 825 gravures, brochés. 40 fr.

<small>Ouvrage couronné par l'Académie française.</small>

Grandidier (A.) : *Histoire physique, naturelle et politique de Madagascar*. Environ 28 vol. grand in-4 avec 500 planches en couleurs et 700 en noir. En cours de publication, par livraisons.

<small>Demander le prospectus.</small>

Grandidier (A.) : *Histoire de la géographie de Madagascar*. 1 vol. in-4, broché. 60 fr.

Harry Alis : *A la conquête du Tchad*. 1 vol. in-8 jésus contenant 29 gravures et 4 cartes, broché. 5 fr.

— *Nos Africains : la mission Crampel, la mission Dybowsky, la mission Monteil, la mission Mizon*. 1 vol. in-8 contenant 150 gravures et 4 cartes, broché. 12 fr.

Hocquard (Le D^r) : *Une campagne au Tonkin*. 1 vol. in-8 jésus contenant 247 gravures et 2 cartes, broché. 20 fr.

Hübner (Comte de) : *Promenade autour du monde (1871)*. 1 vol. in-4 avec 216 gravures, broché. 50 fr.

Jephson (A.-J.-M.) : *Emin Pacha et la rébellion à l'Équateur*. Ouvrage traduit de l'anglais. 1 vol. in-8 contenant 47 gravures et une carte, broché. 10 fr.

Lenz (Dr O.) : *Timbouctou. Voyage au Maroc, au Sahara et au Soudan*, ouvrage traduit de l'allemand par Pierre Lehautcour. 2 vol. avec 27 gravures et une carte, brochés. 15 fr.

Lortet (D^r) : *La Syrie d'aujourd'hui*. 1 vol. in-4 illustré de 350 gravures dessinées sur bois et contenant 5 cartes, broché. 30 fr.

Lumholtz : *Au pays des Cannibales.* Voyage d'exploration chez les indigènes de l'Australie orientale, traduit du norvégien par V. et W. Molard. 1 vol. in-8 jésus contenant 150 gravures et 2 cartes, broché. 15 fr.

Maistre (C.) : *A travers l'Afrique centrale.* 1 vol. in-8 jésus illustré de 60 gravures et d'une carte, broché. 20 fr.

Nachtigal (D^r) : *Sahara et Soudan* : Tripolitaine, Fezzan, Tibesti, Kanem, Borkou et Bornou. Ouvrage traduit de l'allemand par M. J. Gourdault. 1 vol. in-8 avec 99 gravures et une carte, br. 10 fr.

Nansen (Fr.) : *A travers le Grönland*, traduit du norvégien par Ch. Rabot. 1 vol. grand in-8 avec 164 gravures et une carte, broché. 20 fr.

Nordenskiöld : *Voyage de la Vega autour de l'Asie et de l'Europe.* Ouvrage traduit du suédois, avec l'autorisation de l'auteur, par MM. Ch. Rabot et Ch. Lallemand. 2 vol. in-8 avec 293 gravures sur bois, 3 gravures sur acier et 18 cartes, brochés. 30 fr.

— *La seconde expédition suédoise au Grönland*, traduit du suédois par Ch. Rabot. 1 vol. in-8 avec 139 gravures et 5 cartes hors texte, broché. 15 fr.

Payer (le lieutenant) : *L'expédition du Tegetthoff*, voyage de découvertes aux 80°-83° degrés de latitude nord. Ouvrage traduit de l'allemand par J. Gourdault. 1 vol. in-8 avec 68 gravures et 2 cartes, broché. 10 fr.

Peters (D^r) : *Au secours d'Emin Pacha.* 1 vol. in-8 jésus, illustré de 70 gravures et d'une carte, broché. 20 fr.

Piassetsky (P.) : *Voyage à travers la Mongolie et la Chine.* Ouvrage traduit du russe par Kuscinski. 1 vol. in-8 contenant 90 gravures et une carte, broché. 15 fr.

Prjévalski (N.) : *Mongolie et pays des Tangoutes.* Voyage de trois années dans l'Asie centrale. Ouvrage traduit du russe par G. Du Laurens. 1 vol. in-8 avec 42 gravures et 4 cartes, broché. 10 fr.

Reclus (Onésime) : *La terre à vol d'oiseau.* 1 volume in-8 jésus, avec 616 gravures et 10 cartes, broché. 12 fr.

— *La France et ses Colonies.* 2 vol. in-8 jésus.

Tome Ier : *En France.* 1 vol. avec 250 gravures et 21 cartes, broché. 8 fr.
Tome II : *Les Colonies.* 1 vol. avec 252 gravures et 18 cartes, broché. 8 fr.

Rousselet (L.) : *L'Inde des Rajahs.* Voyage dans l'Inde centrale et dans les présidences de Bombay et du Bengale. 1 vol. in-4 contenant 517 gravures sur bois et 5 cartes, broché. 30 fr.

Schweinfurth (D') : *Au cœur de l'Afrique* (1866-1871). Ouvrage traduit sur les éditions anglaise et allemande par Mme H. Loreau. 2 vol. in-8 avec 139 gravures et 2 cartes, brochés. 20 fr.

Serpa Pinto (le major) : *Comment j'ai traversé l'Afrique.* Ouvrage traduit sur l'édition anglaise et collationné avec le texte portugais par M. J. Belin de Launay. 2 vol. in-8 avec 160 gravures et 15 cartes, brochés. 20 fr.

Stanley (H.) : *Dans les ténèbres de l'Afrique.* Relation de la dernière expédition de H. M. Stanley à la délivrance d'Emin Pacha, gouverneur de l'Equatoria. 2 vol. avec 150 gravures sur bois et 3 cartes, brochés. 30 fr.

Taine (H.) : *Voyage aux Pyrénées;* 9e édition. 1 vol. in-8 tiré sur papier teinté avec 350 gravures, d'après Gustave Doré. 10 fr.

Thomson (J.) : *Dix ans de voyages dans la Chine et l'Indo-Chine.* Ouvrage traduit de l'anglais par MM. A. Talandier et H. Vattemare. 1 vol. in-8 avec 128 gravures, broché. 10 fr.

Vambéry : *Voyages d'un faux derviche dans l'Asie centrale,* de Téhéran à Khiva, Bokhara et Samarkand, par le grand désert turcoman. Ouvrage traduit de l'anglais par E. Forgues; 2e édition. 1 vol. in-8 avec 34 gravures et une carte, broché. 10 fr.

Vuillier (C.). *Les îles oubliées de la Méditerranée* (îles Baléares, la Corse, la Sardaigne). 1 vol. in-4 illustré de 254 gravures, broché. 30 fr.

— *La Sicile,* impressions du présent et du passé, illustrée par l'auteur. 1 vol. in-4, avec 300 gravures, broché. 30 fr.

Wey (F.) : *Rome, description et souvenirs;* 5e édition. 1 vol. in-4 avec 310 gravures, broché. 30 fr.

Whymper (F.) : *Voyages et aventures dans l'Alaska.* Ouvrage traduit de l'anglais par M. E. Jonveaux. 1 vol. in-8 avec 37 gravures et une carte, broché. 10 fr.

Wyse (L.-N.-B.) : *Le canal de Panama.* 1 vol. avec 50 gravures et une carte, br. 20 fr.

Ouvrage couronné par l'Académie française.

NOUVELLE GÉOGRAPHIE UNIVERSELLE
La Terre et les Hommes
Par ÉLISÉE RECLUS

19 volumes in-8 jésus illustrés de nombreuses cartes et gravures.
Prix : brochés, 535 fr. — Reliés fr. dorées, 668 fr.

GÉOGRAPHIE DE L'EUROPE (5 volumes)

Tome Ier : L'Europe méridionale (Grèce, Turquie, Pays des Bulgares, Roumanie, Serbie et Montagne Noire, Italie, Espagne et Portugal). 1 vol. 30 fr.
Tome II : La France. 1 vol. 30 fr.
Tome III : L'Europe centrale (Suisse, Austro-Hongrie, Allemagne). 1 vol. 30 fr.
Tome IV : L'Europe du Nord Ouest (Belgique, Hollande, Iles Britanniques). 1 vol. 30 fr.
Tome V : L'Europe scandinave et russe. 1 vol. 30 fr.

GÉOGRAPHIE DE L'ASIE (4 volumes)

Tome VI : L'Asie russe (Caucasie, Turkestan, Sibérie). 1 vol. 30 fr.
Tome VII : L'Asie orientale (Empire chinois, Corée, Japon). 1 vol. 30 fr.
Tome VIII : L'Inde et l'Indo-Chine. 1 vol. 30 fr.
Tome IX : L'Asie antérieure (Afghanistan, Baloutchistan, Perse, Turquie d'Asie, Arabie). 1 vol. 30 fr.

GÉOGRAPHIE DE L'AFRIQUE (4 volumes)

Tome X : L'Afrique septentrionale. Première partie (bassin du Nil, Soudan égyptien, Ethiopie, Nubie, Egypte). 1 vol. 20 fr.
Tome XI : L'Afrique septentrionale. Deuxième partie (Tripolitaine, Tunisie, Algérie, Maroc et Sahara). 1 vol. 30 fr.
Tome XII : L'Afrique occidentale (archipels atlantiques, Sénégambie et Soudan occidental). 1 vol. 25 fr.
Tome XIII. L'Afrique méridionale (îles de l'Atlantique austral, Gabonie, Congo, Angola, Cap, Zambèze, Zanzibar, côte de Somal). 1 vol. 30 fr.

GÉOGRAPHIE DE L'OCÉANIE (1 volume)

Tome XIV : Océan et terres océaniques (îles de l'océan Indien, Insulinde, Philippines, Micronésie, Nouvelle-Guinée, Mélanésie, Nouvelle-Calédonie, Australie, Polynésie). 1 vol. 30 fr.

GÉOGRAPHIE DE L'AMÉRIQUE (5 volumes)

Tome XV : L'Amérique boréale (Groenland, Archipel polaire, Alaska, Puissance du Canada, Terre-Neuve). 1 vol. 20 fr.
Tome XVI : Etats-Unis. 1 vol. 25 fr.
Tome XVII : Indes occidentales (Mexique, Isthmes américains, Antilles). 1 vol. 30 fr.
Tome XVIII : Amérique du Sud, Régions Andines. 1 vol. 25 fr.
Tome XIX et dernier : Amazonie et Plata. 1 vol. 30 fr.

Tableaux statistiques de tous les États comparés. Années 1890 à 1893. 1 vol. in-8 jésus, broché. 3 fr.

www.ingramcontent.com/pod-product-compliance
Lightning Source LLC
Chambersburg PA
CBHW070756170426
43200CB00007B/800